朱家泓 著

抓住飙股
轻松赚

中国青年出版社
CHINA YOUTH PRESS

图书在版编目（CIP）数据

抓住飙股轻松赚 / 朱家泓著.

—北京：中国青年出版社，2022.10

ISBN 978-7-5153-6749-1

Ⅰ.①抓… Ⅱ.①朱… Ⅲ.①股票交易—基本知识 Ⅳ.①F830.91

中国版本图书馆CIP数据核字（2022）第149957号

本书通过四川一览文化传播广告有限公司代理，

经金尉股份有限公司授权出版中文简体字版本

简体中文版版权 © 2022 北京中青文文化传媒有限公司

所有权利保留

抓住飙股轻松赚

作　　者：朱家泓

责任编辑：肖妩嫔

文字编辑：周晓彤

美术编辑：杜雨萃

出　　版：中国青年出版社

发　　行：北京中青文文化传媒有限公司

电　　话：010-65511272 / 65516873

公司网址：www.cyb.com.cn

购书网址：zqwts.tmall.com

印　　刷：大厂回族自治县益利印刷有限公司

版　　次：2022年10月第1版

印　　次：2022年10月第1次印刷

开　　本：787×1092　1/16

字　　数：224千字

印　　张：21

京权图字：01-2022-2781

书　　号：ISBN 978-7-5153-6749-1

定　　价：79.90元

Contents 目录

第 **1** 篇 ▶ 波浪形态 教你做对方向

第**2**篇 ▶ **K 线告诉你 多空势力**

Contents 目录

Contents 目录

信技术分析得财富

《Money钱》的社长和副社长找我谈新计划，修订我的第一本书，对此我欣然同意，原因很简单：

第一，当初对于我的技术分析理念，《Money钱》毫无条件地支持，为我出版专著，从此也开启了我的教学生涯，饮水思源，我自然同意。

第二，在我的教学路上，我体会到，股市散户苦民多。每天资讯一大堆，由于没有一套简单有效率的操作方法，买卖起来莫衷一是。同时，在我教学这8年中，看到许多同学经过学习，一步步由当初的赔钱到赚钱。当他们满心欢喜地告诉我，买了什么股票，赚了多少钱的时候，我更加坚定了我对技术分析的信心，以及一贯不变的信仰初衷。

见山还是山 见水还是水

当我写这篇修订版序时，内心感慨万千，因为从这本书的初版2011年6月开始，众多学生碰到的问题仍然是，因为不相信技术分析而遭到损失，或因听小道消息而大赔。例如南宝（4766），有学员在2019年7月16日大量长红的170元买进，还告诉我主力要炒到200元，结果股价在179元高点黑K下跌，后续在8月26日长黑下跌

反转成空头后就一路走跌，他因相信主力而被套牢。

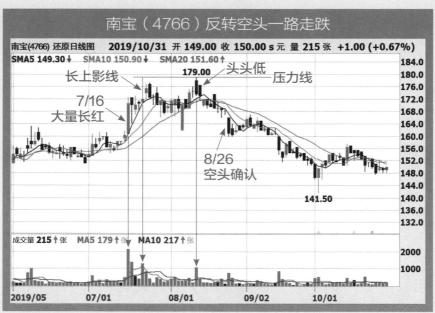

资料来源：富邦e01电子交易系统

　　类似的情况也出现在裕隆（2201），2019年6月传闻，新店裕隆城开发案可能带来数十亿元的获利，这位学员积极大量买进，后来传出停止开发的风声，股价就一路下跌，他因此遭受很大的损失。

　　如果相信技术分析，在裕隆股价于8月14日空头确认时立刻出场，仅小赔1%。

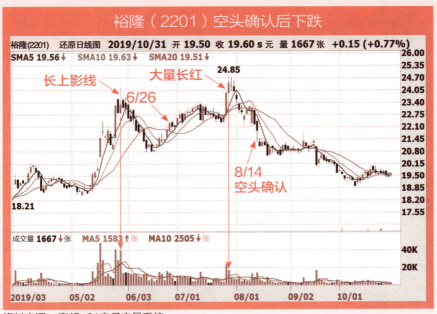

资料来源：富邦e01电子交易系统

其实，股价的高高低低，本来就是正常走势。当我们辨别了趋势后，顺势操作，不要有自己先入为主的成见，就会发现趋势图中的高低点，原来"见山还是山，见水还是水"，找到简单的方法跋山涉水，获利自然就不难了。

投资人买了这本书，就可以不受时间和空间的限制，随时随地学习及复习，这样自然能够很快学会技术分析，并应用到实战上。只要严守纪律操作，假以时日，必能发现"图中自有黄金屋""相信技术分析得财富"。

再次感恩一路帮助我的朋友，也希望技术分析能够帮助读者找
到一条通往财富的道路。

2019年12月

来学每年赚1倍的功夫

当了22年的股市菜鸟，历经了股市3次万点行情，一路走来，我始终赚少赔多。直到2006年，我接触了技术分析，从最基本的技术指标学起，整整上课学习了一年。虽然学费很贵，但比起在股票市场赔的钱，不算贵，我这才明白22年来在股市一直投资失利的原因。相信技术分析，让我终于翻身，达到每年看图选股赚1倍的目标，改变了我在股市一直赔钱的命运！

2007年，当我把晶豪科（3006）获利了结卖出的那一天，心里有股说不出的滋味，这只股票足足让我赚了112%。投资股票22年了，我第一次有这么好的成绩！之前那22年，我几乎没赚到什么钱。

历经万点崩盘　股票赚多赔更多

我从1985年开始投资股票，当时年近四十应不惑的我，是个职业军人，略有积蓄，看到身边朋友个个做股票都赚钱，自己也认为用钱赚钱比较快，于是开始进入股市。然而，当时的股市对我而言，是希望的天堂，也是绝望的地狱。

就像大多数的散户一样，在1990年万点崩跌前几年的大多数时间，我的确赚到不少。在这个时期，我买卖股票都是看完新闻后，

"凭感觉"决定，每次赚钱，就觉得自己很厉害。

尤其是在1990年2月12日股市创下历史高点12682点的前一个月，股票几乎天天涨停板，号子（证券经纪商）里人人抢买股票，整个市场就好像发疯一样。大盘创下12682点新高后，多头态势从第2天开始急转直下，之后一路崩跌至2485点。结果，我在这之前5年所赚的钱，在这8个月内全部赔光不说，到最后还倒赔呢！经过此一教训之后，我才发觉股票市场不是那么容易就能赚钱的。

即使经历过万点崩盘，我对股市仍然不死心。然而，当时我是职业军人的身份，原本工作环境中股票信息的来源就相当贫乏。因此，只能买些财经报纸，听收音机的股市分析，缴费成为投顾公司的会员，看简讯做股票。

尽管我自认为已做了不少股票投资功课，结果仍然是赔多赚少，就算偶尔"蒙"到一只飙股，因为不会找卖点，也很快就从赚钱到赔钱，赔了更舍不得砍掉。

1995年，我从军中退伍，与朋友合开了一家礼品印刷公司。军人创业的困难可想而知，终日为了公司的生存而奋斗。虽然无暇于股票投资，但还是偶尔手痒，进场碰碰运气，依旧无法赚钱。

57岁菜鸟的觉醒 从最基本的技术分析学起

就这样，我在股海中浮浮沉沉22年，一直摸不清问题在哪里，投资仍没有一点心得，不管是赚钱还是赔钱，都不知道原因，始终是股市菜鸟。

在开始艰苦经营礼品印刷公司后，一晃11年过去，到了2006年。没想到贵人在身边，与我相识20多年的好友李大哥，在银行界服务数十年后退休，在家专职投资股市。他看我公司经营辛苦，劝我转行学习用技术分析选股及操作股票，做个专业的投资人。

这时我已经57岁了，回想过去漫长的投资历程，都没有留下让我可以遵循的投资心得，实在是该学一些扎实的基本功了！在这样的因缘之下，2006年2月，我到李大哥介绍的贞元教室上课，从最基本的波形波向技术分析学起，整整上课一年。

上课期间，我一直在检讨以前做股票失败的原因，结果分析如下：①看不出股票要走的方向。②根本不知道应该何时买，更不知道何时要卖。③只会做多不会放空。④看电视、听新闻、问朋友、听明牌找股票。其实以上问题，在技术分析之中都可以找到解决方法。

相信技术分析 第一次操作就获利逾倍

学了技术分析之后，2007年1月5日，我看到晶豪科（3006）的图形位于初升段回测态势，在盘整一个半月后出现大量突破盘整区的红K线，符合技术分析的进场买点。因此，当时我以36.6元买进，沿10日均线操作，至1月31日跌破10日均线，才以50元卖出。

2月6日，晶豪科的股价回升，依多头操作纪律，回测后再上涨时买进。我在当日收盘前以48.5元买进，之后该股股价沿着10日均线发展，一直到3月21日，股价跌破10日均线，我以75元卖出。

结算下来，短短2个半月获利达112%，获利逾1倍，心中交杂着讶异、喜悦的感觉，这是我第一次完全遵守技术分析操作的惊人获利成绩。

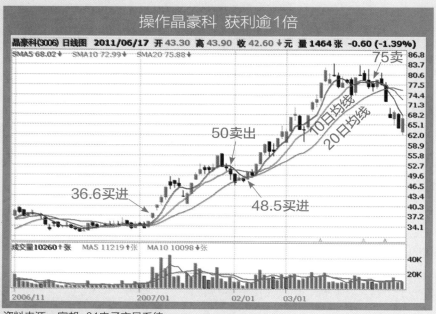

操作晶豪科 获利逾1倍

资料来源：富邦e01电子交易系统

2008年5月14日，我看到合晶（6182）符合多头行进中回测完再次上涨的条件，当天开盘就往上跳空上涨，盘中出现大量过3日前K线高点。我以167元买进，可是到了5月23日，合晶股价跌破10日均线，依照多头操作纪律，我在收盘前以165元卖出，损失2元收场。后来，该股价一路下跌到54.8元，如果我没有学技术分析，结果又会像以前那样损失惨重。

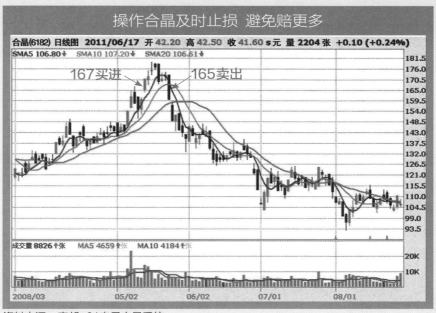

操作合晶及时止损　避免赔更多

资料来源：富邦e01电子交易系统

信任技术指标＋严守纪律　才能看对

其实学技术分析，用功一点，3个月就能学完所有指标了。只要认得字就可以学，不管是老人、小孩，不管有没有钱，都可以学。不过学完后，我花了大约3年时间，才克服人性的弱点，彻底"悟道"。最难的还是在稳住心态，做到百分之百遵守纪律。

信任技术指标才会得到财富。技术指标当然不可能每次都对，可是经验值持续累积之后就会明白，只要做到该买就买、该卖就

卖，100次之中可以对90次，剩下10次，错了也不会产生致命后果。

由于做了20多年不赚钱的散户，后来我在给亲友上课时，有无数的散户情绪问题可以分享。只是说得再多，有时候朋友一见面还是问："那只××股票怎么办呀？"我只能无奈提醒："那只股票你已经放了快30年了！"但对方就是不愿意卖，真的是学线型简单，克服人性难。

就算世界上真有稳赚不赔的方法，人性上也很难做得到。虽然方法已经很明确，但股票市场每天还是都有人看对、有人看错，也许该庆幸因为人性容易出错，所以能做到严守纪律的人，才能站在赢家的那一方。

股价涨跌因素多 只有线型不会骗你

我通过自己学习的经验，加上观察周遭亲友学技术线型的情况，归纳出入门最困难的2件事。其一，是技术线型不但要先认识单项指标，实际运用还必须综合几个指标，才能完整判断出正确态势。就像学基本面一样，只看营收或毛利率不够，还要把本益比、产业现状等因素加进来综合考量。

其二，许多人会看线、会画线，但是一进场买卖，就整个乱了套。这就好像开车一样，考驾照的时候，笔试100分，所有的规则都背得清清楚楚，但是一上路，却常闯红灯、超速，罚单接不完。

因此，心存侥幸、遵从自己的想法胜于规则，是使用技术线型的心魔障碍。不过，一旦克服心魔、练到上手，就能一直遵循同样的"战法"赚钱，做任何动作都有依据，顶多根据经验微调战法。

买卖有明确依据是让人最安心的事，尤其对散户来说。什么叫高？什么叫低？基本面很难告诉散户，但技术面可以。而且，影响股市的因素非常多，不只基本面变化，资金、心理、政治等因素都掺杂进来，最后这些因素形成的股价和成交量，都会忠实地呈现在图上。

虽然笃信技术线型，但我并没有否定基本面选股。不想经常看盘、想要长线操作的投资人，还是应以基本面为主。重点不是股价，而是赚配息，所以找过去获利稳定、配息率高的公司就没错。不过，散户若偏好短线进出，就要研究技术面才有优势。

股市要赚钱 必学飙股战法＋目标管理法

随着经验值增加，目前我已把礼品印刷公司结束营业，专心看盘，以找到强势飙股为目标，以股本小、产业趋势热、盘面主流股为主，出现涨停板锁住是观察重点，我称之为"飙股战法"。

如果没办法那么积极，也可以改成沿着均线操作，先确定是不是股价已经出现低点一底比一底高、高点一峰比一峰高的多头走势，然后在当日收盘价突破前一日最高价的时候买进。买进之后，沿5日、10日，甚至20日均线操作都可以，没有跌破均线就续抱，反转跌破均线就出场。

还有，学技术分析的投资人一定要做目标管理，而且是以每年赚1倍为基准。如果每年要赚1倍，那么每周至少该赚2.1%。这样的

做法有几个优点：有目标就得执行，每周会强迫自己选股进场，但是目标不高，所以能避免无谓的贪婪。而且选的都是上升趋势股，赔钱马上出场，风险其实很小。就算一开始达不到目标，但重要的是强迫自己进场试过股市水温，上手才会快，否则纸上谈兵，很难进步。

我要特别强调，散户想在股市赚钱，真要有强烈的企图心和积极的学习力才行。

计划＋方法＋守纪律 每年赚1倍不是梦

要把投资股票当作事业经营，必须要有计划去执行。本书的第6篇特别为读者介绍"股票获利目标管理"的方法，这个方法是我目前操作策略的依据，有计划、有方法、守纪律地去执行交易，达到每年赚1倍以上的目标，决不是件困难的事。

初入股市的朋友，对技术分析一知半解，似懂非懂，没有系统完整的了解，因此本书特别就技术分析的四大金刚——波浪形态、K线、均线切线及成交量做清晰完整的介绍。这4项是技术分析最基础，也最重要的工具，只要读者能熟练掌握此四大金刚，综合灵活运用，就足以在股海中成为赢家一族。

本书各篇的重点如下：

● 第1篇：教你"波浪形态"，学完后，立刻能够看清股票要走的方向，对趋势的研判十拿九稳。

● 第2篇：教你"K线的变化"，学完后，立刻知道股票的买卖点及转折点。

● 第3篇：教你"均线切线"，学完后，立刻知道为什么买的股票不涨，什么样的股票图形会飙。

● 第4篇：教你"价量关系"，学完后，立刻对主力筹码的进出了如指掌。

● 第5篇：教你"综合应用"，学完后，立刻看图选出好股票，会设止损，也会止盈。

● 第6篇：教你"操作心法"，学完后，立刻导正以往错误的观念及做法，让你稳定操盘情绪，信心满满。

● 附录：教你"图形形态"，学完后，立刻了解各种形态赚钱的机会在哪里，赚钱的目标有多少。

出书缘由：饮水思源 技传有缘人

2009年6月6日，好友陈先生介绍我到飙股学堂，这里是王老师、李老师、大为兄等几位热心人士，为了一些做股票的好朋友在一起研讨而创立的教室，大家一起分担教室的费用。

经过几次的参与，我发现许多到教室的股友，对股票技术分析一知半解，我希望他们能够系统且完整地学会基本的技术分析。因此，我开办了技术分析基础课程，没想到上过课的同学反应热烈。由于教室很小，无法容纳太多想学的朋友，我因而兴起把技术分析教学内容编书出版，让其他想要学习技术分析的朋友也能够通过书本一起学习。

　　因为，我个人曾经在股市中虚度22年，幸好有良友指引学习的方向，遇到良师倾囊相授，得以顿悟股市操盘方法，这些都是贵人良缘。饮水思源，无以为报，只有感恩帮助过我的朋友、老师，谨将所学编印成书，希望也能帮助想学好股票操作的有缘人。

　　谢天、谢地、谢家人。
　　谢师、谢友、谢贵人。

　　谨以此书献给热爱股票的朋友！

2011年7月

不信技术分析的惨痛经验

这是我在写书时发生的真实事件，更坚定了我写这本书的初衷。请你静心用5分钟看完本章事件，就能体会我请做股票的朋友们一定要精通技术分析的用心了。

朋友投资宏碁股票失利的始末

一位好友在2010年12月22日买入宏碁（2353）股票，买进价位92元，由于该股当时股价已由高点99.4元跌下来，他认为跌了不少，因此买了10张。

12月24日，也就是第3天，他才告诉我，并问我这只股票如何。当天股价最高来到93.5元，收盘时是92.7元，我建议他应当卖掉，至少不会赔钱。我建议他卖掉的原因，纯粹是以技术分析来看：

1. 均线死亡交叉往下，呈空头排列。

2. 股价在月线下方为偏空，当日反弹到月线压力下跌。

3. 股价早在2010年12月16日就跌破上升趋势线。

4. 高档量缩，无力上攻。

可惜，这位好友就和一般散户的想法一样，认为宏碁是好公司，业绩一直都不错，在欧洲是第一品牌，想当然他是不会相信我的技术分析，自然没有卖出股票。

过了一星期，在2011年1月4日那天，我看到宏碁的股价已经往下跌破盘整了5天的低点，我打电话问朋友，股票是否还在，如果还在，今天收盘前赶快卖掉。当天收盘88.8元，小赔3.8元，约4.2%。无奈，他还是对宏碁的品牌坚信不疑，他说只是小跌，一只反弹就可以回本，自然还是不卖。

在2011年1月13日盘中，我看到宏碁的股价反弹见到85元，立刻告诉朋友，趁反弹赶快出脱，现在卖只赔7元，不到8%，可是朋友的大论又出来了："没关系，我可以放着配股配息，长期投资也不会吃亏。"他还是不愿卖出。

结果，宏碁在3月25日宣布大幅调降第1季度营收预估值，由原预估成长3%，下修至季减10%。消息见报，股价连两天跳空跌停，要卖也卖不出去。3月31日，该公司执行长兰奇闪电请辞，4月1日，公司对外喊话，并且发布砸32亿元买库藏股的消息，可是股价再破低价到57元。朋友当日下午来找我，问我股价怎么会这样？一张赔了3.5万元，10张赔了35万元，我只好跟他说，就当作一次惨痛的经验吧！

技术分析早已告诉你真相

当股价开始往下跌的时候，我们散户根本不会知道背后是什么原因，利空消息出来都已经是3个月以后了。可是，公司经营的人当然知道自己的业绩数字好不好，所以等到利空见报，股价早已一去不复返了。

这个真实的事件，在股市中天天发生。我自己十多年前，也经历过同样的惨剧。如今我绝对信奉技术分析，尤其有持股的时候，一定严守技术分析的出场纪律。

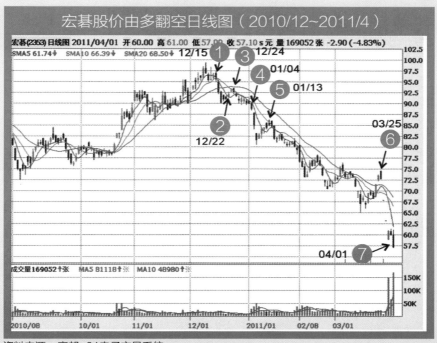

资料来源：富邦e01电子交易系统

▲上图说明：

❶ 2010/12/15 均线死亡交叉向下，次日跌破上升趋势线。

❷ 2010/12/22 收盘前92元买进，当日均线空头排列。

❸ 2010/12/24 反弹到月线，遇压力下跌。

④ 2011/01/04 跌破盘整下颈线位置。

⑤ 2011/01/13 反弹不过前波高点，再下跌。

⑥ 2011/03/25 反弹不过前波高点，公司发布业绩下滑，连2日跌停。

⑦ 2011/04/01 公司发布实施库藏股，股价继续下跌。

信任技术分析才能带来财富

股海浩瀚，芸芸众生沉浮其中，如果没有明确的方向与一套正确的方法，想要在这杀戮战场中获利赚钱，实非易事。

多数的股市散户，没有大笔的资金，没有金融财经背景，没有第一手的公司内部消息，只想用辛苦积蓄的一点钱买股票，希望能够赚钱，在股市取胜，无奈总是事与愿违，赔多赚少。

散户想要在股市中生存，唯有技术分析是最忠实的倚靠。公司基本面会做假账，消息面也不一定是真，即使是真，也老早是主力大户、公司法人的旧消息了。说实在的，只有每天交易的数量、金额、股价，这3个数据才是真的。

交易数量、金额、股价正是构成技术分析的要素（有些指标加上时间及强度）。

前面所提朋友投资失利的故事，清楚点出"好公司的股价一样会大跌"的道理。当你知道消息时，股价早已大跌一段，只有在技术图上，早早忠实地反映出来，它要大跌了，你看不懂、听不出、信公司、想长抱，当然只有赔钱的份了。

俗话说："给你吃鱼，不如教你钓鱼。"换句话说："给你明牌，不如教你四大金刚。"本书教你技术分析的四大金刚，就是在股市钓鱼的钓竿。读者只要按部就班学会正确的技术分析方法，通过股市中实战的验证，训练自己对股票走势的分析研判，自己选出股票，自己依纪律操作。当卖出股票赚钱时，除了兴奋之外，那踏实获得的利润，才是你在股海扬帆终身的保障。

你下定决心要在股市中赚钱了吗?

2011年7月

第 1 篇

波浪形态
教你做对方向

波浪形态是研判股票走势方向最简单且明确的方法，本篇教你如何判断多头、空头、盘整方向及特性，并且详细说明如何画出转折波及趋势波。

从波浪形态可以知道趋势方向是否改变，以及改变后的走势变化，只要做对方向，就是股市的赢家。

第**1**章

看懂波浪形态
掌握赚钱趋势

每个人都知道，股票要是做错方向，就不可能赚钱，但是一般没有学过技术分析的投资人，经常会看错方向投入资金，进而造成亏损。

其实，想在股市淘金，最基本的功夫就是，要看懂当下股市大盘及个股的方向。从股价走势图的"波浪形态"，你可以看出股票是往上、往下，还是处于盘整的走势，也可以看出多空转变的过程，得知支撑与压力的位置，找到最佳的进场买点和出场卖点，并通过股价走势图的波浪形态，看出个股的强度。

我们经常听到或看到专家分析大盘或个股时说："现在仍然处于多头上涨走势中。"其实你不必羡慕，只要学会了波浪形态，你一样能够知道现在是多头上涨、多头回档，还是空头下跌、空头反弹。

▌ 什么是波浪形态

1934年，艾略特（Ralph Nelson Elliott）根据美国华尔街股市75年的资料，归纳其中的架构，发表了"波浪理论"。他由股市每天、每周、每月及长年的走势过程，经过日积月累的绘图之后发现，股市的走势如同大海的海水，时而风平浪静，时而上下起浪，时而波涛汹涌，因此将其取名为"波浪理论"。

如果我们能掌握波浪的起伏变化，即可预测未来的方向。好的冲浪高手，必须适时抓住大浪起始时跳上浪头，才能乘风破浪一路往岸边前进。

股票的涨跌也是如此，股价上涨时的方向，我们称为上涨方向；股价下跌时的方向，我们称为下跌方向；股价在一个区域上下波动往横的方向行进，我们称为盘整。

因此，股价走势不外乎下列3种：

1. 上涨：股价走上升波。

2. 下跌：股价走下跌波。

3. 盘整：股价在一个区间内上上下下。

学会如何判断这3种走势，以及了解每种走势的特性，是本篇的学习重点。

股价往上过了高点称为"突破"，向下过了低点称为"跌破"。股价往上突破压力后，又向下接近原压力点测试是否变成支撑，称为"回测"。

波浪形态是判断股价趋势的重要工具，依据波浪形态的走势方向，可以清楚看出目前股价的前进方向是上升、下跌还是盘整。同时，从波浪形态可以判断出支撑与压力所在，并且预知行情是否反转，作为我们制定股票操作策略、进出场点的依据。从波浪形态也可以看出股票的强度。以下提供分辨波浪形态3种走势的判断原则。

判断上升波

当波浪在往上走的时候，可以发现股价不断创下新高价，即波头一次比一次高；而回落修正时的低点，也同样一次比一次高。呈现一头比一头高、一底比一底高的现象。

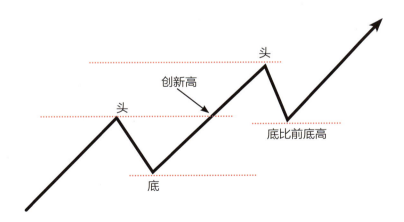

▎判断下跌波

当波浪下跌的时候，可以发现股价不断创下新低价，即波底一次比一次低；而反弹修正时的高点，也同样一次比一次低。呈现一头比一头低、一底比一底低的现象。

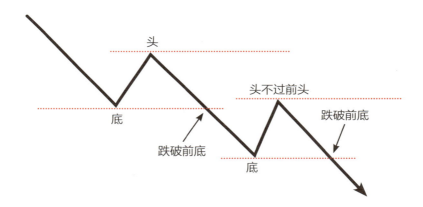

操作股票就像打高尔夫球，你的竞争对手就是你自己！高尔夫选手追求自我杆数的突破，股票专业投资人则追求提高操作股票的胜率，并减少失误。两者同样要有稳定的情绪及严格的纪律要求，才可能有好的表现。

▎判断盘整波

　　除了上升波、下跌波之外的横向走势均为盘整波。盘整波有以下4种可能：

1. 头不过前头高点，底不破前底低点，呈现三角收敛。

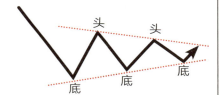

2. 头过前头高点，底跌破前底低点，呈现喇叭状。

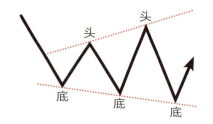

3. 头与头高点相近，底与底低点相近，呈现箱形盘整。

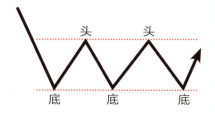

4. 波形混乱，头底忽高忽低，呈现方向趋势不明。

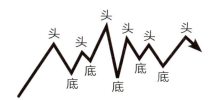

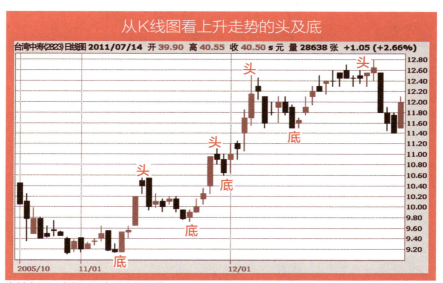

资料来源：富邦e01电子交易系统

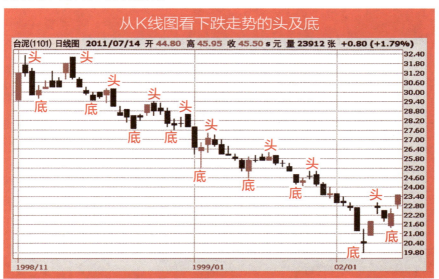

资料来源：富邦e01电子交易系统

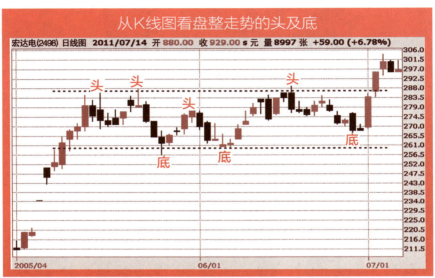

资料来源：富邦e01电子交易系统

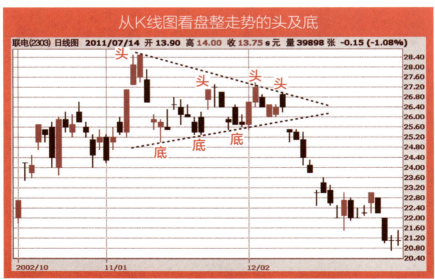

资料来源：富邦e01电子交易系统

第**2**章
认清股市循环4阶段 投资立于不惑之地

　　股票市场永远经历4个循环阶段，每个阶段的形成都有一定的背景及现象，所以当我们在看一只股票的时候，要分析目前是处于什么阶段，就不会被短期的过热或过冷给迷惑。同时，在不同的阶段，我们采取的操作策略也大不相同。以下为股市循环的4个阶段：

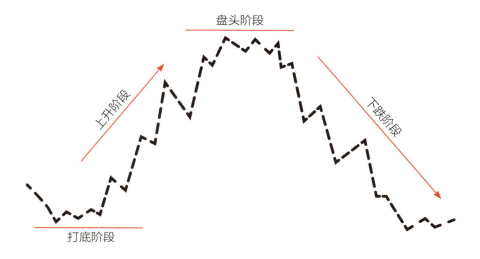

盘头阶段

上升阶段

下跌阶段

打底阶段

判断打底阶段的方法

股市在打底阶段会出现以下6种现象：

1. 平均股价处于低档。

2. 大部分绩优股物超所值。

3. 利空不跌，横向盘整。

4. 市场极度悲观。

5. 断头、追缴、违约交割出现。

6. 量缩价稳，出现盘底。

判断上升阶段的方法

股市在上升阶段会出现以下4种现象：

1. 绩优股带头表态。

2. 底部出现"底底高"波形。

3. 利空钝化，开始出现政策性利多。

4. 成交量扩大，市场人气回温，买进行动积极，游资不断涌入市场，股价持续上涨，呈现价量齐扬格局。上升阶段又可分为初升段、主升段、末升段，这时期类股轮流上涨，投机气氛浓厚，由于比价补涨，股价全面上扬。

判断盘头阶段的方法

股市在盘头阶段，股价高、人气旺，正是主力出货的好时机。在此一阶段会出现以下5种现象：

1. 主流领导股开始盘头或出现下跌走势。

2. 融资不断增加到达高水位，融券渐渐回补。

3. 利多不断，股价却不涨，一有利空，股价则下跌反应。

4. 股价上下震荡激烈，人心极为乐观。

5. 股市出现天量之后，股价开始下跌，之后虽再上涨，因无法继续创新高而下跌。

判断下跌阶段的方法

如果股市出现以下2种现象，则代表处于下跌阶段，此时，手上有持股的人要迅速获利或止损出场，并宜采取空手或做空的操作策略：

1. 成交量萎缩，反弹行情短暂，无法越过前波高点或压力。

2. 利空消息不断打击市场，遇到利多却只有一日行情，股价跌多涨少。

投资股票一定要抵挡股价上涨的诱惑及下跌的恐惧，并且学会从图形看清方向，顺势而为，这样才能顺水推舟、事半功倍、赚多赔少。

第**3**章

抓住波浪形态的特性
掌握做多和做空位置

"波浪形态"是由股票买卖而自然形成，也是市场供需关系的结果。一个趋势的形成经过了一段时间的市场认同，因此，当趋势方向明显出现，就是我们赚钱的好机会。

多头的特性就是不断创新高，经过创新高后会拉回休息，准备下次攻击再创新高。依据这个观念，你在选择进场的位置时，要思考以下2个问题：

1. 是否在创新高时买进？

2. 是否拉回休息之后再上涨时买进？

▋ 创新高价的买进时机

如果创新高时买进，代表该股票还会继续走多头，但是同时也在预告，越过高点之后将会拉回。因此你的利润有限，并且随时会遇到股价回档。

这样看来，这似乎不是好买点。创新高的买进策略是，走势中的某些位置会是好买点，也可以说，当股价创新高时，在以下位置可以买进，其他位置就不是很理想的切入点。

1. 当空头来到低档区，经过量缩价不跌的打底，走势渐渐垫高，这时带量上涨，突破前面高点创新高，是买进的时机。

2. 当股价往上突破盘整平台的高点创新高时，是买进的时机。

3. 如果是只飙股，可能只拉回一两天，立即往上再创新高，这当然是抢进的买点。

创新高的买进，止损点要设在突破前面高点的那一点，例如前面高点20元，创新高后以20.5元买进，止损设为20元。

1. 底部打底后创新高买点

2. 突破盘整平台的创新高买点

3. 飙股拉回后再创新高买点

▍拉回休息后再上涨的买进时机

股价涨多自然要拉回休息或横盘休息，横向盘整的买点，在前段已经详细说明，现在探讨拉回之后的买点。

遇到拉回修正，没有跌破前面低点就止跌回升，多头的波浪形态仍然没有被破坏，此时股价如果再上涨，就是进场的好买点。

1. 这个买点比创新高价位低，如果多头没有改变，可以多赚到上涨的那一段利润。

2. 买进后如果涨到前面高点，无法创新高上涨，必须注意，波浪形态可能要改变了，此时卖出股票，还不会赔钱。

1. 上涨后拉回，再上涨时的买点，
可以多赚到再上涨的波段。

2. 上涨后拉回，再上涨时的买点，
遇到高点不再创新高则卖出。

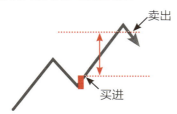

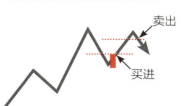

资料来源：富邦e01电子交易系统

▲上图说明：

❶ 底部打底后创新高的买点。　　❸ 突破盘整平台创新高的买点。

❷ 上涨后拉回，再上涨时的买点。　❹ 上涨后拉回，再上涨时的买点。

空头的特性是不断创新低价，经过创新低后会再反弹一段，遇到上面的压力，再继续下跌。依据这个观念，选择做空的位置时，要思考以下2个问题：

1. 是否在创新低时做空？

2. 是否在反弹遇压力后再下跌时做空？

▎创新低价的做空时机

在创新低时做空，代表该股票会继续走空头，但是同时也在预告，随时可能反弹（跌深遇支撑或乖离过大都会反弹），因此你的利润有限。

这样看来，这似乎不是好空点。创新低时做空的策略是，在某些位置是很好的做空点，也可以说，在下列位置可以做空，其他位置就不是很理想的切入点。

1. 当多头到高档区，经过做头的波浪形态，出现一头比一头低的现象，这时下跌（不一定会出现大量），跌破前面低点创新低价，是做空的时机。

2. 当下跌一段之后盘整，股价往下跌破盘整的平台低点创新低，是做空的时机。

3. 如果是只急跌股，可能只反弹一两天，立即往下再创新低，应把握反弹机会继续做空。

创新低的做空，止损设在前面低点的那一点，例如前面低点20元，创新低后以19.5元做空，止损价为20元。

1. 头部做头后创新低，做空。

2. 跌破盘整平台后创新低，做空。

3. 急跌股反弹后再创新低，做空。

反弹一段之后再下跌的做空时机

　　股价跌多了会反弹或横盘休息，横向盘整的空点在前段已经详细说明，现在探讨反弹之后的空点。

　　反弹一段时间后，未突破前面高点就止涨下跌，表示空头波浪形态仍然没有被破坏，此时股价如果再下跌，就是做空的好空点。

　　1. 这个空点比创新低的价位高，如果空头没有改变，可以多赚到再下跌的那一段利润。

　　2. 做空后，如没跌破前面低点而继续创新低就止跌上涨，必须注意，波浪形态可能会改变，此时回补股票还不会赔钱。

1. 下跌后反弹，再下跌时的空点，可以赚到再下跌的一段。

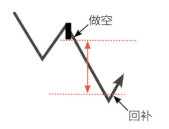

2. 下跌后反弹，再下跌时的做空，遇到低点不再创新低时回补。

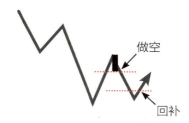

第3章 ▶▶▶ 抓住波浪形态的特性　掌握做多和做空位置

资料来源：富邦e01电子交易系统

▲上图说明：

❶ 头部做头后创新低的空点。　　❸ 下跌后反弹，再下跌时的空点。

❷ 下跌后反弹，再下跌时的空点。　❹ 跌破盘整平台，创新低的空点。

第 **4** 章

来学基本功 认识转折波与趋势波画法

画转折波与趋势波是技术分析最重要的基本功，转折波看的是短期走势，趋势波看的是趋势方向。

股价上升或下降皆会产生上下价差及运行方向。将连续上升或下降的周期长短所产生的高低点连成一线，即可画出波动图。观察波动图可以研判股价的走向，进而掌握多空或反转的脉动。

转折波就是把日K线走势中的转折高低点取出（即波浪形态的头及底），连接这些头及底即是波浪形态图。

▎转折波的4种功能

为什么要学会判断转折波的基本功夫？因为转折波具有以下4种功能：

1. 看短期波浪形态，确认当下是多头、空头，还是盘整。

2. 用来确认波浪形态是否产生改变。

3. 由波浪形态改变画出趋势波，看趋势多空。

4. 转折波是面对市场当下走势操作的依据，非常重要。

▌ 转折波的画法

以下就来学转折波的画法：

1. 以5日均线为依据来画转折波（5日均线是股价最新5天收盘价的平均值移动曲线）。

2. 以收盘价来看，股价在均线上方的K线，我们一律看作正价（在该均线期间内买进都赚钱）。股价在均线下方的K线，我们一律看作负价（在该均线期间内买进都赔钱）。

3. 当股价收盘往下跌破均线时，取均线上方正价群组的最高点（含上影线）。

4. 当股价收盘往上突破均线时，取均线下方负价群组的最低点（含下影线）。

5. 依序由左至右，将取到的高低点连接起来，即完成转折波。

6. 重要原则：

（1）不可遗漏最高点及最低点。

（2）在下个点产生前，如果所取的高低点右边有更高或更低的点，该高低点要往上或往下位移。

（3）高低点交互选取，取完高点接着取低点。

操作依波浪形态研判多空，但买卖必须顺势而为，最好大盘、同一类股、个股都同一方向（即三顺股）。

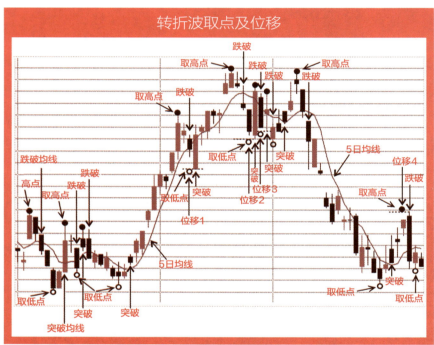

转折波取点及位移

资料来源：富邦e01电子交易系统

▲上图说明：

1. 以5日均线为依据。

2. 收盘价跌破均线时，在突破均线的K线中取最高点（上图以黑点"●"标示高点）。

3. 收盘价突破均线时，在跌破均线的K线中取最低点（上图以圆圈"○"标示低点）。

4. 位移1、位移2、位移3，此3处低点右边有突破均线的K线，该K线的最低点比这3处的低点更低，因此，这3处的低点要往下移到与右边K线的最低点位置，这点即为经过位移的低点。

5. 位移4，此处的高点右边有跌破均线的K线，该K线的最高点比位移4更高，因此，此处的最高点要往上移到与右边K线的最高点位置，这点即为经过位移的高点。

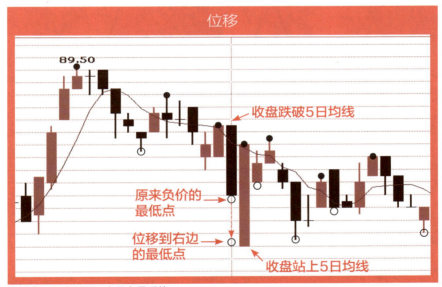

资料来源：富邦e01电子交易系统

▲上图说明：

高低点的位移是避免遗漏最高及最低价位。如果应该位移而没有位移，将会造成日后突破高点或跌破低点的误差。

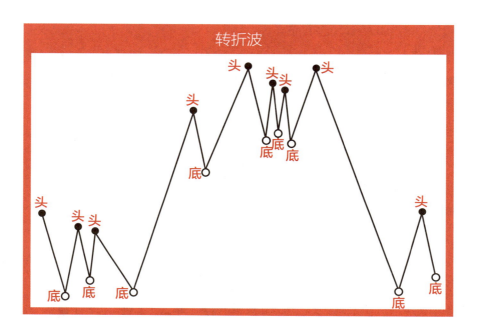

转折波

▲上图说明：

将第48页"转折波取点及位移"K线图的高点与低点连接起来，就是转折波，头与底的走势看得一清二楚。

何谓趋势波

转折波画好后，发现股价忽上忽下，这时该如何判别长期趋势是上升还是下降呢？其实，只要画出趋势波，就可看出，长期走势仍走多或已转为走空。

趋势波就是要找出趋势改变的转折点，我们在前面说过，多头走势的特性是一直走"头头高""底底高"，当走势变成"头头低""底底低"时，表示趋势方向改变。由此可知，当上升波见到跌破前面低点时，趋势方向改变，这时在前面取最高点，就是趋势由多转空的转折点。

同样，当空头时一直是"头头低""底底低"，当走势出现"头头高""底底高"时，表示趋势变成多头。因此，当下跌波出现突破前峰高点时，趋势方向改变，这时在前面取最低点，就是趋势由空转多的转折点。

趋势波的画法

以下就来学趋势波的画法：

1. 以转折波画趋势波。

2. 以转折波来看，当转折波"头头高""底底高"时为上升波，一旦前波低点被跌破时，表示趋势改变，在前面上升走势区段中取最高点。

3. 当转折波呈现"头头低""底底低"下跌趋势时，出现突破前面高点时，在前面下跌区段中取最低点。

4. 将取出的高低点，由左至右相互连接成为趋势波。

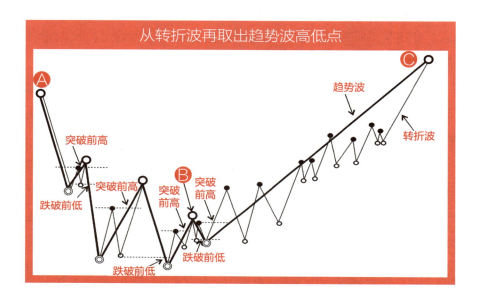

从转折波再取出趋势波高低点

▲上图说明：

1. 以转折波为依据。

2. 转折波突破前高，取前面最低点（上图以双圆圈"◎"标示）。

3. 转折波跌破前低，取前面最高点（上图以粗圆圈"o"标示）。

4. 高低点由左至右连接即为趋势波。

5. 趋势波的Ⓐ到Ⓑ是趋势下跌，在下跌过程中，转折波有3段的反弹上涨，并未改变趋势。Ⓑ到Ⓒ是上升趋势，在上升过程中，转折波有盘整及下跌，但趋势未变。

第**5**章

轻松看图
找到支撑与压力

　　打开K线走势图，利用均线把转折波画出来，就能清楚看出何处是头、何处是底、何处走"头头高，底底高"的多头、何处走"头头低，底底低"的空头、何处是盘整区。同时，在整个走势中哪里是压力，哪里是支撑，也能看出来。

▎产生支撑与压力的8个位置

　　行情在涨跌的过程中，以技术分析来说，有8个位置会产生支撑与压力，这8个位置分别是：波浪的前头、波浪的前底、盘整带、盘整区间的上下切线、切线、均线、K线跳空缺口、大量成交K线的位置，以下分别说明。

　　K线、均线、切线、缺口、成交量的技术分析，会在后面的章节介绍，读者在此处先对支撑和压力有整体认识，待阅读完整本书后再回头来看，将会更加清楚。

1. 波浪的前头

支撑：当股价在头的上方，回跌到前面的头会产生支撑。

压力：当股价在头的下方，上涨到前面的头会产生压力。

2. 波浪的前底

支撑：当股价在底的上方，回跌到前面的底会产生支撑。

压力：当股价在底的下方，上涨到前面的底会产生压力。

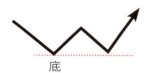

3. 盘整带

盘整带盘整的时间愈长，累积的成交量愈大，对日后的支撑或压力的力道也愈大。

支撑：当股价在盘整带的上方，回跌到盘整带会产生支撑。

压力：当股价在盘整带的下方，上涨到盘整带会产生压力。

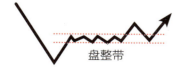
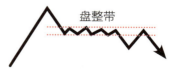

4. 盘整区间的上下切线

大的盘整区，股价在固定的区间上下震荡。

支撑：盘整区的下面切线会产生支撑。

压力：盘整区的上面切线会产生压力。

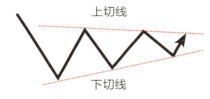 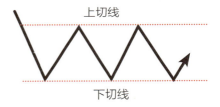

5. 切线

支撑：股价在切线上面，切线会产生支撑。

压力：股价在切线下面，切线会产生压力。

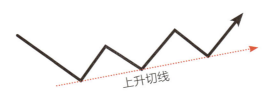

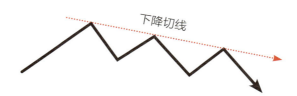

6. 均线

支撑：股价在均线上面，均线上扬，股价跌到均线产生支撑。

压力：股价在均线下面，均线下弯，股价涨到均线产生压力。

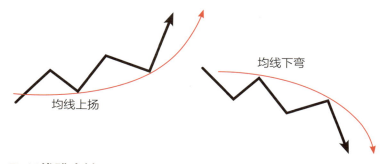

均线上扬

均线下弯

7. K线跳空缺口

支撑：股价在跳空缺口上面，股价回跌到缺口的上下沿会产生支撑。

压力：股价在跳空缺口下面，股价上涨到缺口的上下沿会产生压力。

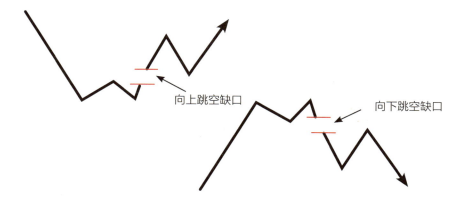

向上跳空缺口

向下跳空缺口

8. 大量成交K线

支撑：股价站上大量K线最高点上方，日后此K线会产生支撑。

压力：股价跌破大量K线最低点下方，日后此K线会产生压力。

▌ 支撑、压力的应用

为什么你要熟记这些支撑及压力？因为可作为以下投资决策的参考：

1. 决定进出位置。

2. 研判止损、止盈的依据。

3. 预测走势续多或续空。

4. 股市中常听到"多头时见压不是压，见撑多有撑"，多头以支撑为观察重点，看支撑是否跌破而转折。

5. 股市中常听到"空头时见撑不是撑，见压多有压"，空头以压力为观察重点，看压力是否突破而转折。

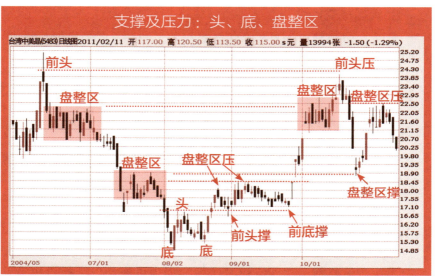

资料来源：富邦e01电子交易系统

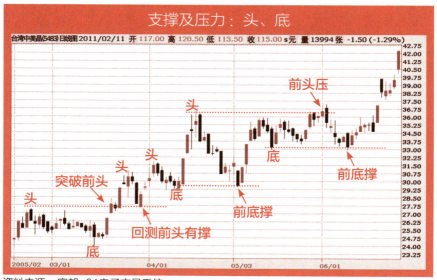

资料来源：富邦e01电子交易系统

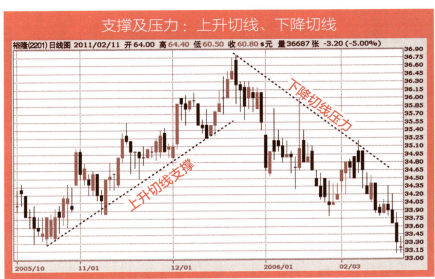

资料来源：富邦e01电子交易系统

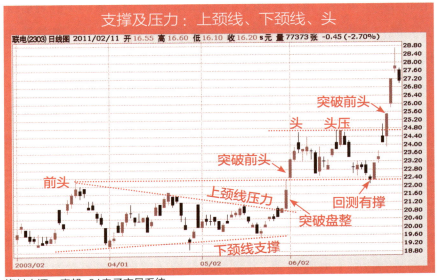

资料来源：富邦e01电子交易系统

第**6**章

因应多空反转
掌握制胜策略

进入股市交易，你只有4种结果：大赚、大赔、小赚、小赔。因此，要设法操作到大赚与小赔，只要避免掉大赔，长久累积下来就是股市大赢家。然而，要如何才能避免大赔呢？只有用止损来控制风险了。

想要做好止损，首先你要能掌握波浪形态反转的变化，并依变化做出因应策略。走势开始改变的初期，应该退出战场，静观后续的发展，走势明确之后，再决定是否进场。而当时的环境条件如何，在进场前要先做好分析。

散户买到一只上涨的股票，往往只赚到一点点钱就卖掉，甚至起初赚钱，到后来反而赔钱出场。究其原因，散户在操作的过程中，无法正确掌握股票走势的变化，股票多头的趋势未变，只是一时的回档修正就卖出，造成后面的一大段赚不到；或者是趋势已经改变而不知，结果抱着赚钱的股票到回跌，甚至赔钱。所以，我们对趋势的改变要时时保持警觉。

当我们看到趋势改变的现象时，应该立刻出场，同时关注后面的趋势会往哪个方向改变，等到图形符合特定走势的条件之后，再决定如何进场。

多空反转的6种可能及因应策略

再说一次，股价走的方向只有3个：上涨多头、下跌空头及横向盘整。因此，当原来的走势出现变化时，你必须想到这3个方向都有可能。

1. 上涨多头变化后仍走多头

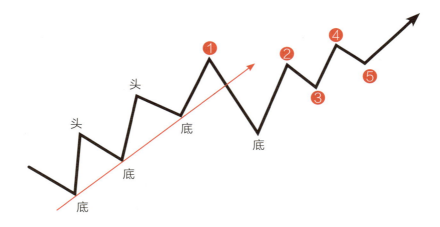

① 多头走到最高点回跌，跌破上升切线，先出场。

② 反弹无法过前面头部高点，此时出现"头头低"，继续观察。

③ 回跌没有跌破前底，出现"底底高"，为盘整。

④ 上涨过前面高点，恢复多头走势，可开始考虑做多。

⑤ 回跌不破前底，可继续做多。

2. 上涨多头变化后进入盘整

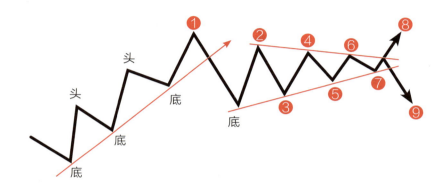

❶ 多头走到最高点回跌，跌破上升切线，先出场观察。

❷ 反弹无法过前面头部高点，此时出现"头头低"，继续观察。

❸ 回跌但没跌破前底，出现"底底高"，为盘整。

❹ 反弹没过前面高点，仍然在盘整，继续观察。

❺❻❼出现收敛盘整，静待盘整末端表态。

❽ 往上突破盘整上切线，继续做多。

❾ 往下跌破盘整下切线，方向改变，做空。

3. 上涨多头变化后反转成空头

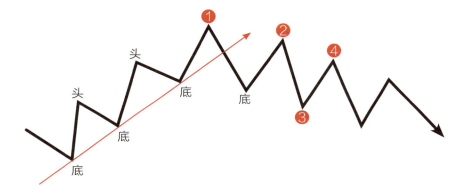

❶ 多头走到最高点回跌，跌破上升切线，先出场观察。

❷ 反弹无法过前面头部高点，此时出现"头头低"，继续观察。

❸ 回跌并跌破前底，出现"底底低"，符合空头的波浪形态。

❹ 反弹仍然无法过前面头部高点，进入空头走势，可以做空。

4. 下跌空头变化后仍走空头

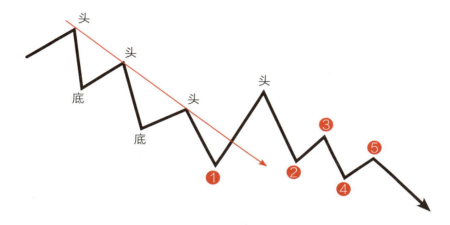

❶ 空头走到最低点反弹，突破下降切线，先出场。

❷ 下跌但未跌破前面低点，出现"底底高"，继续观察。

❸ 反弹无法过前面头部高点，出现"头头低"，为盘整。

❹ 下跌再出现跌破前面低点，恢复空头走势，可开始考虑继续做空。

❺ 反弹仍然不过前面头部高点，可继续做空。

5. 下跌空头变化后进入盘整

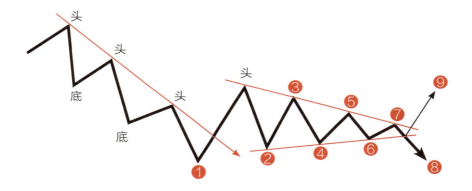

❶ 空头走到最低点反弹，突破下降切线，先出场。

❷ 下跌未跌破前面低点，此时出现"底底高"，继续观察。

❸ 反弹无法过前面头部高点，出现"头头低"，为盘整。

❹ 下跌仍未跌破前面低点，仍然在盘整，继续观察。

❺❻❼ 出现收敛盘整，静待盘整末端表态。

❽ 往下跌破盘整下切线，继续做空。

❾ 往上突破盘整上切线，方向改变，做多。

6. 下跌空头变化后反转成多头

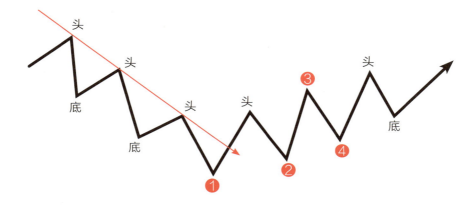

❶ 空头走到最低点反弹，突破下降切线，先出场。

❷ 下跌并未跌破前面低点，出现"底底高"，继续观察。

❸ 反弹出现过前面头部高点，出现"头头高"，符合多头的波浪形态。

❹ 回跌仍然没有跌破前面低点，进入多头走势，可以做多。

上涨多头变化后仍走多头

资料来源：富邦e01电子交易系统

下跌空头变化后反转成多头

资料来源：富邦e01电子交易系统

第7章
波浪形态的顺势操作战法

进场买股票前，主动权在"我"，要买什么价位？买多少张？做空还是做多？要不要融资？这些都必须先想好，因为一旦买进股票，要涨要跌可由不得你，一切是"市场"在主导。

投资应有的3大重要观念

因此，你一定要知道以下3个重要观念，否则，不可能在股票市场有好的绩效表现。

1. 进场前做好充分准备

进场前一定要做好功课，慎选标的，包括产业的研究、主流股追踪、公司基本面及筹码面的研究、走势图形的分析，以建立数据库追踪（所谓的锁股），选出次日准备买进或卖出的股票，先拟定进场后的操作策略及止损、止盈的价位。

2. 出场以技术分析为依据

前面说过，进场后的行情走势不一定会依你进场前的分析发展，因此买入股票后，要以市场方向为导向。也就是说，要以技术分析作为操作依据，即使事前研究的基本面再好、本益比再低，如果图形呈现相反的方向，仍要谨守出场纪律避险，不能因为是好公司而认为股价就不会下跌。

3. 记得永远顺势操作

多头时只做多，空头时只做空，可保平安，避掉套牢赔钱的风险。

多头、空头及盘整的顺势操作战法

波浪形态可以研判股票走势及方向的改变，只要依据波浪形态的特性顺势操作，不论多空都能拟定简单清楚的操作步骤，作为买卖股票的依据。

多头趋势的操作策略

1. 顺着多头趋势做多。

2. 打底后出现"底底高"形态，出现带量的长红K棒时进场。

3. 打底反转，第一次突破前波高点，呈现"头头高"时进场。

4. 突破前波高点后，回测有支撑，再上涨时进场。

5. 多头上升行进中，回档修正后，再次上涨时买进。

6. 多头行进中盘整，当股价向上突破盘整区时进场。

7. 收盘前，手中持股的股价仍在5日均价之上时，可继续持股，收盘前股价跌到5日均价之下则卖出。

8. 操作强势上涨的个股，可用获利加码，往上操作。

9. 进场设定止损、获利目标（参考第5篇第2章），以自己制定的交易规则，依据技术面进出，直到多头形态改变为止。

资料来源：富邦e01电子交易系统

▲上图说明：

❶ 底部出现"底底高"，股价突破5日均线时买进。

❷ 收盘跌破5日均线，卖出。

❸ 收盘突破5日均线，买进。

❹ 收盘跌破5日均线，卖出。

❺ 收盘突破5日均线，买进。

❻ 带量突破盘整区，加码买进。

❼ 收盘跌破5日均线，卖出。

❽ 回档后，股价上涨再次站上5日均线，买进。

❾ 拉回带量突破前波高点，加码买进。

❿ 收盘跌破5日均线，卖出。

⓫ 带量突破盘整区，买进。

⓬ 收盘跌破5日均线，卖出。

⓭ 出现"头头低"，波浪形态改变，退场操作。

空头趋势的操作策略

1. 顺着空头趋势放空。

2. 当股价涨到高档，头部形成"头头低"下跌格局时，放空。

3. 反转第一次出现"底底低"形态，带量跌破前低时，放空。

4. 跌破后，反弹遇压力再下跌时，放空。

5. 下跌行进中，股价跌深后反弹，反弹到高点，无法突破前头高点而再次下跌时，继续放空，称为"反弹后下跌再空"。

6. 行进中盘整向下，跌破盘整区时放空。

7. 当手中持有放空股票时，收盘前股价在5日均价之下时，持股续抱；收盘前股价涨回5日均价之上时则回补。

8. 操作弱势股，获利可加码继续放空，往下操作。

9. 进场设定止损、获利目标，以自己制定的交易规则，依据技术面进出，直到空头波形改变为止。

放空：指手上没有股票，先向证券商借股票卖出，等日后在市场买回再还给证券商，也就是先卖后买。如果卖出价高、买回价低，会赚到差价；如果卖出价低、买回价高，则会赔钱。

回补：指放空时向券商借股票卖出之后，在市场买回股票归还。

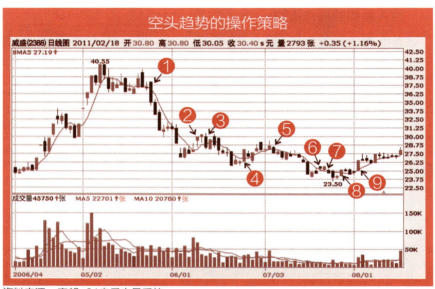

资料来源：富邦e01电子交易系统

▲上图说明：

❶ 头部出现"头头低"，放空。

❷ 收盘突破5日均线，回补。

❸ 收盘跌破5日均线，放空。

❹ 收盘突破5日均线，回补。

❺ 收盘跌破5日均线，放空。

❻ 收盘突破5日均线，回补。

❼ 收盘跌破5日均线，放空。

❽ 收盘突破5日均线，回补。

❾ 出现"底底高"波形，且当日收盘价突破前面高点，表示空头结束。

陷入盘整时的操作策略

1. 进入盘整，可采取做或不做两种策略（除非价差很大，否则不宜操作）。

2. 如果前波走势是多头，盘整区间以低接高出操作。

3. 如果前波走势是空头，盘整区间以高空低补操作。

4. 盘整以单边操作，避免两头损失（多空两边都赔钱）。

5. 盘整时不宜采用波段操作法（可能会盘整很久）。

6. 盘整末端结束时，会表态往上或往下，要把握盘整末端突破或跌破的方向，进场买多或放空（参考次页图）。

当股价进入盘整区时，最好退出观望，理由如下：

1. 一般盘整区上下幅度不大，扣除交易费用后，获利空间很小。

2. 你无法预测盘整时间会有多久，与其资金卡在盘整区，不如另外找正要上涨或已确认多头上涨的股票操作。

3. 如果是一只长期看好的股票，可以等到盘整结束，方向确认之后再做。

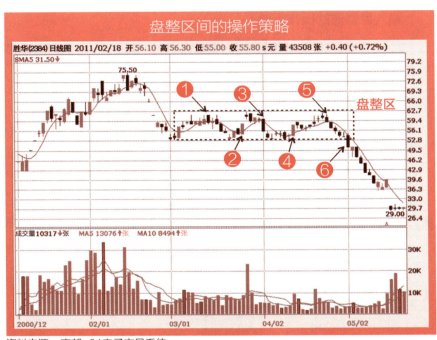

盘整区间的操作策略

胜华(2384)日线图 2011/02/18 开 56.10 高 56.30 低 55.00 收 55.80 s 元 量 43508 张 +0.40 (+0.72%)

SMA5 31.50

盘整区

75.50

① ③ ⑤

② ④ ⑥

29.00

成交量10317 张 MA5 13076 张 MA10 8494 张

资料来源：富邦e01电子交易系统

▲上图说明：

① 空头反弹再次下跌，仍是空头格局，继续做空。

② 收盘突破5日均线，回补。

③ 收盘跌破5日均线，做空。此时出现"高不过高、低不破低"的盘整盘。

④ 收盘突破5日均线，回补。

⑤ 收盘跌破5日均线，做空。

⑥ 跌破盘整区，确立继续空头，可向下加码放空。

074

顺势操作必懂的12项重点

波浪形态中，同样是多头走势的股票，哪个比较强？如何才能卖在相对高价呢？波浪出现改变要如何处理？这些都攸关着股票操作的成败，下面的重点是作者操作多年的经验累积：

1. 一般投资人比较偏向做多。前面说过，要顺势操作，因此，在股票走空的时候千万不要做多，做多一定要等到打底，底部形态完成（至少出现"底底高"），上升波确立"头头高、底底高"后，再找做多的进场时机。

2. "回跌后上涨再买"是指，在上升走势，股价回档修正后再次上涨时买进，而不是在回档中自认为低价就去买。

3. 依据波浪形态操作，股价跌破5日均线时出场。但是下列2种情况可弹性调整：

（1）在关键进场点进场，获利未达5%，且未跌破止损价位，则可暂不出场。

（2）往上多头成形，且获利达20%以上时，下列5种情况可先获利出场：

①当日大量上涨到最高点后，股价折返下跌超过3%，先出一半，拉到平盘出清。

②当日爆量不涨，收盘时股价跌破前日最低点。

③跌破上升趋势线时（详见第3篇第6章）。

④产生"头头低"，股价不过前波高点就往下跌。

⑤K线出现长黑、长上影线、带大量的十字线等出场讯号（详

见第2篇第5章）。

4. 多头就是不断创新高价，回档时不会跌破前次的低点。

5. 当多头走势不创新高就回档，就是多头改变的讯号，此时要密切注意手中持股，往后走势不对，就要赶快出场避险。

6. 多头走势，长线会保护短线，回档套牢时比较容易解套，但是遇到反弹如没过前波高点，即使小赔也要立刻逃命。

7. 一般而言，多头回档至前波涨幅的0.382之处就止跌往上，为强势回档；回档到0.5，为正常回档；回档到0.618或更低，为弱势回档。强势回档的股票走势最强，正常回档的股票次强，弱势回档的股票最弱。因此，同样走多头的股票，当然要选强势的股票进场。

8. 多头走势进场的好时机，是买在回档止跌后再次回升时，而不是突破前波高点的位置。

9. 空头就是不断创新低价，反弹不过前次高点。

10. 空头走势放空的好时机，是卖在反弹止涨后的再下跌，而不是跌破前波低点的位置。

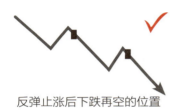

反弹止涨后下跌再空的位置

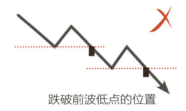

跌破前波低点的位置

11. 空头走势不再破新低就回升，是空头改变的讯号。放空的股票要注意回补点，空手者观察是否转向有做多的机会。

12. 空头走势中做多，套牢时就难以解套。

第2篇

K线告诉你
多空势力

　　K线是技术分析之母，也是当天价格变动的忠实记录。本篇除了以简单易懂的方式说明K线的基本理论之外，还详述同一K线处于不同位置的不同意义，让你清楚知道，在实际应用上容易被骗的原因。

第1章

看图选股基本功
认识K线

"K线"起源于日本德川将军幕府时代，当时大阪设有堂岛稻米交易所，商人在交易时，将稻米分类定价进行买卖交易，并发行"米票"，为最早的无实体交易，类似期货交易。当时的市场大户本间宗久每天记录米价的交易情形，由于把握了米价起伏，掌握到一年四季的行情动态，进而成为巨富。

K线为技术分析之母

本间宗久以"阴阳线图"标示记录，从阴阳线的变化可以看出未来的行情，由于他出身酒田，所以他创造的一些交易法则被称为"酒田战法"，而"阴阳线"也演变成今日股票市场技术分析的K线。

股票投资人每天看计算机、报纸杂志，所看到的股票图形走势都是用K线标示，而图形中的许多技术指标，也是根据K线的资料去统计分析计算出来的。因此，称K线为技术分析之母，并不为过。每个投资人都不能不透彻了解K线变化的意义，否则在瞬息万变的股市中，恐怕很难了解盘中多空力道变化的情形，以及掌握高低转折的位置。

▌ 学会看懂K线的8大理由

K线每天记录多空交战的过程及最后的结果，因此，学会看懂K线，就能洞悉市场买卖双方的强弱变化，成为自己进出股市的依据。

研判K线具有以下8种作用，这也是要学会看懂K线的理由：

理由1：K线反映每天的股价，为市场上的共同语言，也是相互沟通的最基本工具。

理由2：K线提供买进、卖出及反转讯号，K线的连续图形也显现股价趋势的方向。

理由3：K线真实反映买卖双方当日厮杀的变化，提供我们对多空力道的研判。

理由4：利用连续两天或三天K线的变化及比较，可以推测未来行进的方向及方向是否可能改变。

理由5：股价的反应领先于基本面，K线会最先表现出来。

理由6：K线真实地反映股票市场买卖情况，是一般投资人可以信赖的数据。

理由7：K线是以真实数据为依据的图形，可以根据它建立完整的进出交易规则，克服受情绪影响、凭感觉操作的风险。

理由8：K线是所有技术分析之母，领先于所有指标，能最早反映出波段转折点，往往能够提早买到低点、卖到高点。

K线记录每天实际交易状况

台股①于上班日早上9点开盘，一直到下午1点30分收盘，交易时间4个半小时。当天股价的开盘价、收盘价、盘中的最高价及最低价，是组成K线的4个元素，用一个图形来表示，就是大家看到的K线，把一天天的K线连在一起，就是K线图。

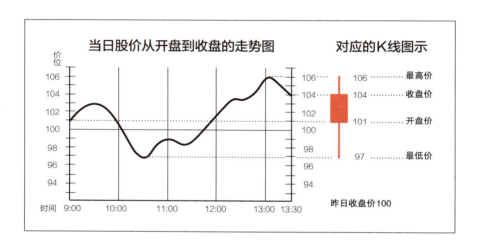

▲上图说明：

收盘后看到K线，就知道当天股价开盘101元、盘中最高来到106元、最低下杀到97元、收盘价为104元。由于当天收盘价104元比开盘价101元高，当天的K线是红色，只要看日K线，当日股价的情形就一目了然了。

① 本书中的台股为中国台湾股市的简称。——编者注

█ K线为什么有黑有红

在K线图中，我们会看到红色及黑色的K线，它们的区分原则是，当天收盘价比开盘价高，就用红色标示，称为"阳线"或"红K线"，如前页的右图；如果收盘价比开盘价低，就用黑色标示，称为"阴线"或"黑K线"，如下图。

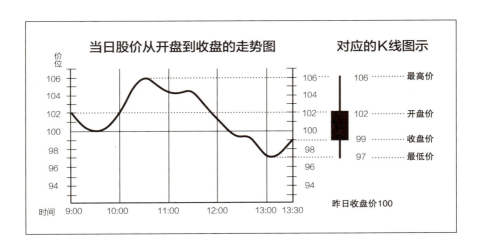

▲上图说明：

收盘后看到K线，就知道当天股价开盘102元、盘中最高到106元、最低下杀到97元、收盘价为99元，由于收盘价99元比开盘价102元低，当天的K线是黑色，只要看日K线，当日股价的情形就一目了然了。

▌K线的红与黑不代表涨跌

　　K线的红或黑，只是当天开盘价与收盘价的高低位置不同所做的区别，红K线并不表示当天的收盘价一定比昨日收盘价高（上涨）；同样，黑K线并不表示当天收盘价一定比昨日收盘价低（下跌），看看下面的图就清楚了。

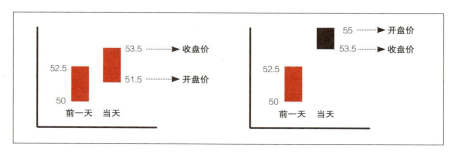

▲上图说明：

同样都是比前一天上涨了1元，但是K线可能是红K线，也可能是黑K线。

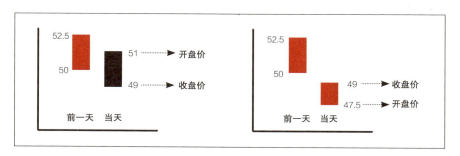

▲上图说明：

同样都是比前一天上涨了1元，但是K线可能是红K线，也可能是黑K线。

▌认识K线图各部分的名称

K线图各部分的名称详见以下图解，在当日的开盘价与收盘价有价差时，才会产生K棒实体。

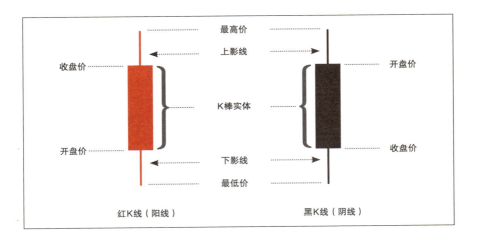

▌K线图可能出现的6种情况

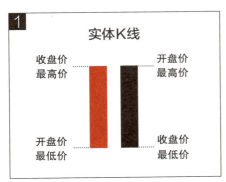

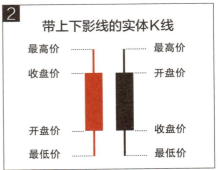

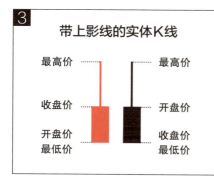

3 带上影线的实体K线

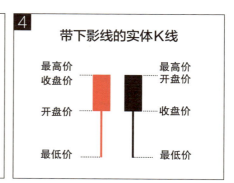

4 带下影线的实体K线

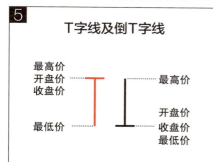

5 T字线及倒T字线

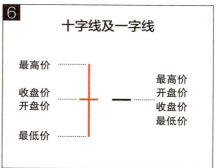

6 十字线及一字线

进场前，思虑要周密；进场后，操作要简单。

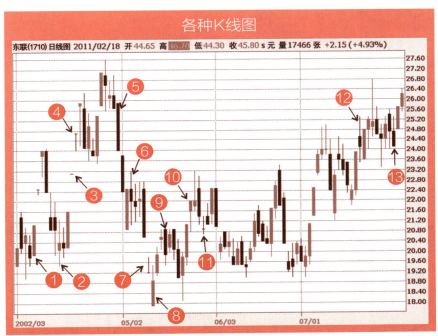

各种K线图

东联(1710) 日线图 2011/02/18 开 44.65 高 46.70 低 44.30 收 45.80 s 元 量 17466 张 +2.15 (+4.93%)

资料来源：富邦e01电子交易系统

▲ 上图说明：

① 实体长红K线。

② 带上下影线实体红K线。

③ 跳空涨停一字线。

④ T字线。

⑤ 实体长黑K线。

⑥ 带上下影线实体黑K线。

⑦ 倒T字线。

⑧ 带上影线实体红K线。

⑨ 带下影线实体黑K线。

⑩ 带下影线实体红K线。

⑪ 十字线。

⑫ 带上下影线实体黑K线。

⑬ 带上影线实体黑K线。

▍一起来练习画K线

请依据当天的股价分时走势图，在旁边画出当日收盘后的日K线图：

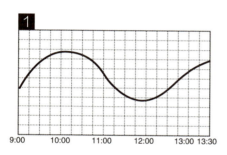

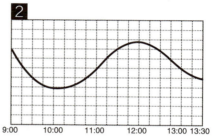

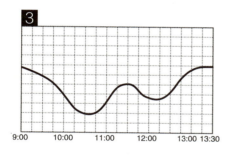

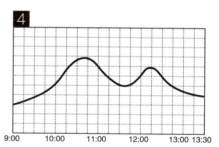

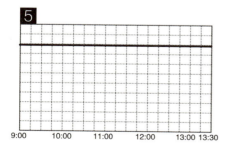

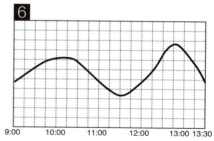

▍**K线好好玩——连连看**

以上我们了解了K线是如何形成的，现在再来复习一下。下方左边是当日不同股票从开盘到收盘的走势曲线，右边有不同的K线图，请依据左边的图，连到右边正确的K线图（答案见下方）。

第**2**章

解读K线密码
辨别多空力道

K线的红或黑，实体的大或小，上影线、下影线的长或短，这当中其实都隐藏了许多的秘密。

▎K线透露出多空的秘密

首先我们要了解，一只股票每天的交易是涨还是跌，取决于买卖双方谁的急迫性比较大。例如，某只股票今日有大利多出现，就容易导致市场上想买的人很急迫，而有股票在手上的人惜售，股价自然往上涨；相反的状况，不利的消息会导致急着要卖的人很急迫，让想买的人缩手，股价自然就往下跌。

因此，K线除了告诉我们今日的4个价位，更重要的是它透露了当日买卖双方谁的力道比较强，由双方的强弱，可以预先知道股价

股价走强势多头的时候，今日K线收盘价突破昨日K线最高价，是多头攻击的讯号；反之，今日K线收盘价跌破昨日K线的最低价，是转弱的讯号。

会往哪个方向移动。

从K线看多空的简单方法

如何看K线图中多头势力与空头势力的强弱呢？以下提供一个简单的辨别方法：当天收盘价的上方是空头势力，下方是多头势力。图解说明如下：

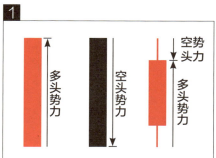

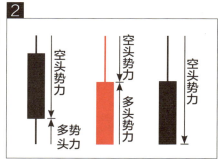

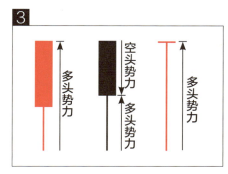

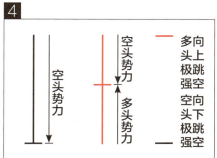

　　不过，要特别注意的是，以上多空势力的强弱，是就当日一根K线来看的。事实上，股市走势的形成，并不是一天就能够造成的。

　　即使是相同的K线，出现在不同的位置，对后续走势的影响也不同，产生的结果也不同，甚至会出现完全相反的解读。在后面的内容中会详细地说明，届时读者自然对K线的应用豁然开朗。

看K线多空不能只看1、2天就断定行情的多空，由于K线对当天的消息面反应快速，单一K线可能会受干扰失真，因此对整个走势的研判，还是要以波形、波向为主。

第**3**章
单一K线位置不同
买卖玄机不同

解读K线虽然可以了解多空的强弱，但是同样的K线在不同的位置，会产生不同的解读，甚至完全相反的情况，这就是一般投资人无法掌握K线转折的原因。

▌ 认识长红K线

在开盘后股价一路上涨，并以最高价收盘，且开盘和收盘上下幅度达4.5%以上，这样的K线形态就是"长红K线"，又称为长阳线。长红K线为多头强烈企图，是重要攻击讯号，具有以下4点意义：

长红K线
（长阳线）

1. 长红K线为重要支撑位置，长红K线高低价的二分之一处可视为当日交易的平均成本平衡点。

2. 长红K线经常是底部反转、盘整突破、行进中续攻、轧空、换手或高档反转的先期警讯。

3. 出现长红K线（特别是带大量成交量时）的第2、3天股价走势要特别注意，会透露这根长红K线的真实含义。

4. 在多头走势中，长红K线为强力上攻的表态，正常应该在次

日继续往上攻击，如果次日出现攻势停滞，甚至下跌走势，则为不正常的表现，应该密切注意是否为主力拉高出货。

不同位置的长红K线所代表的意义

长红K线出现在不同位置往往有不同的意义，说明如下：

在低档出现的长红K线

1. 低档是指日K线走势图，经过一段时间下跌之后，来到图形相对低档的位置，或是下跌一段后经过止跌而盘整。

2. 在低档区突然出现长红K线，成交量大增，突破下跌K线的最高点，是重要的买进讯号。

3. 低档一根长红K线突破下跌数天的黑K线最高点，表示多空易位，行情转多可能性大增，此红K线如果配合大量的成交量，极

可能是主力攻击开始的讯号。

4. 长红K线当日的低点是买进后的止损价，之后几日回跌不破长红K线的二分之一价，视为强势回档，股价往上突破是继续做多的机会。

资料来源：富邦e01电子交易系统

在盘整末端突破的长红K线

1. 突破盘整形态的长红K线，是进场的好买点。

2. 盘整时间可能是短期3、5天，也可能长达数月，无论是在低档区出现长红K线突破盘整区，还是在向上走势中出现长红K线突破盘整，都是绝佳的买点，如果配合大成交量，则更为可靠。

3. 盘整幅度不大，呈一字形整理，这样整理时间愈长，出现大量长红后的涨势幅度愈大。

4. 强势股急速上涨后拉回量缩，往往盘整时间很短，再出现长红时要赶快"跟上"。

5. 任何时候买进股票，即使线型再完美，也要设止损点。

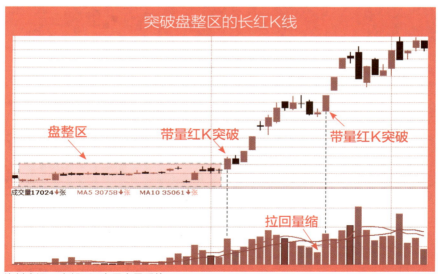

资料来源：富邦e01电子交易系统

多头行进回档修正后的长红K线

1. 多头的特性是在上涨一段后会回档修正，当修正结束，再次往上出现长红K线时，要勇于进场买进，止损点则设在长红K线的最低点。

2. 强势股往往回档修正1、2天后，再次出现长红K线往上攻击，要立刻买进，但也要设好止损。

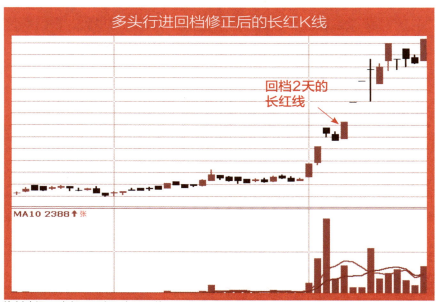

资料来源：富邦e01电子交易系统

在高档出现的长红K线

1. 股价在涨高之后的高档区出现长红K线时，反而要心存警戒。手中持股虽不一定要立刻出场，但是要密切注意第2、3天的价量变化，出现任何弱势现象要立刻处理手中股票，千万不要认为长红又有大量是好事。

2. 高档时出现大量长红，空手千万不可抢高追价，更不能加码买进。

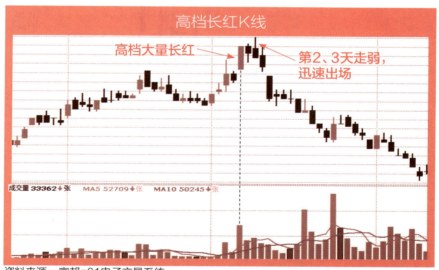

资料来源：富邦e01电子交易系统

3. 在高档长红时做多有以下风险：

（1）获利回吐卖压。

（2）主力拉高出货的骗线。

（3）高档放量长红往往是多头最后力竭的现象。

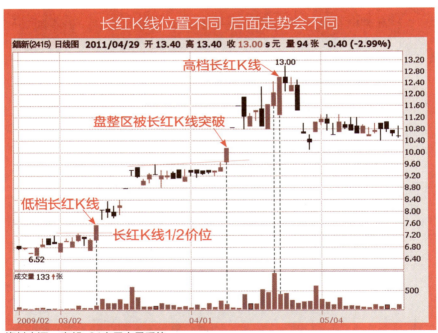

资料来源：富邦e01电子交易系统

▌ 认识长黑K线

在开盘后股价一路下跌，并以最低价收盘，且开盘和收盘上下幅度达4.5％以上，这样的K线形态就是"长黑K线"。长黑K线为空头强烈企图，是重要的卖出讯号。长黑K线的出现，具有以下3点意义：

1. 长黑K线为重要压力位置，长黑K线高低价的二分之一处，可视为当日交易的平均成本平衡点。

2. 长黑K线经常是头部反转、盘整跌破、行进中续跌、或急杀后低档反转的先期警讯。

3. 出现长黑K线（特别是带大量成交量）的第2、3天股价走势要特别注意，会透露这根长黑K线的真实含义。

▌ 不同位置的长黑K线代表意义

长黑K线虽然表示当日空头企图心强烈，但是出现在不同位置往往有不同的意义。长黑K线下跌，不一定要有大量的配合，原则上带大量的长黑，往往表示跌势短期内尚未止稳，这时千万不可自认为跌够了而随便进场承接。

长黑K线
（长阴线）

在高档出现的长黑K线

1. 高档是指走势图中，日K线上涨一段时间之后来到图形的相对高档位置，或是上升一段后的盘整区。

2. 在高档区突然出现长黑K线（成交量不一定放大），跌破前面上涨K线的最低点，是重要的卖出讯号。

3. 高档一根长黑K线跌破上涨数天的红K线最低点，表示多空易位，行情转空可能性大增，此黑K线如果配合大成交量，极可能是主力开始出货的讯号。

4. 当日长黑K线的最高价是做空的止损价，如果后面几天反弹皆在长黑K线的二分之一价以下，可视为弱势反弹，股价继续往下跌时，是放空的机会点。

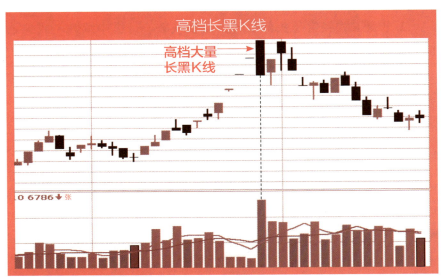

高档长黑K线

高档大量
长黑K线

资料来源：富邦e01电子交易系统

在盘整末端跌破的长黑K线

1. 跌破盘整形态的长黑K线，是做空进场的好卖点。

2. 盘整可能是短期3、5天，也可能长达数月，无论在高档区出现长黑K线跌破盘整区，还是向下走势中出现长黑跌破盘整区，都是绝佳的空点，如果配合大笔成交量，则更为可靠。

3. 弱势股急速下跌后反弹量缩，往往反弹时间很短，再出现长黑时，可继续做空。

4. 任何时候做空股票，即使线型再完美，也要设止损。

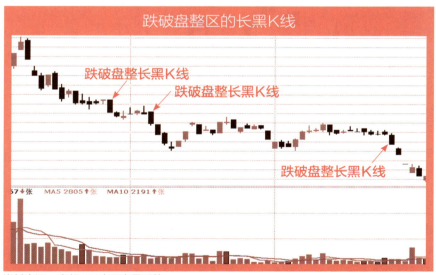

资料来源：富邦e01电子交易系统

空头行进反弹后的长黑K线

1. 空头的特性是，在下跌一段后会反弹。当反弹结束，再次往下出现长黑K线时，要勇于进场做空，止损点设在长黑K线的最高点。

2. 弱势股往往反弹1、2天后再次出现长黑K线往下续跌，要立刻做空，但要设好止损点。

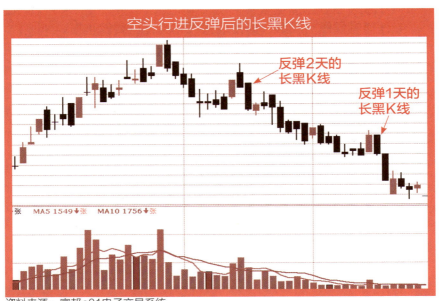

空头行进反弹后的长黑K线

反弹2天的长黑K线

反弹1天的长黑K线

张　MA5 1549↓张　MA10 1756↓张

资料来源：富邦e01电子交易系统

在低档出现的长黑K线

1. 股价在跌深之后的低档区出现长黑K线时，反而要特别注意，手中空单虽不一定要立刻回补，但是要密切注意第2、3天的价量变化，出现任何转强或止跌回升现象，要立刻处理手中股票，尤其是连续出现长黑急跌的走势，往往都是接近底部的特征，空手千万不可抢空，更不能加码放空。

2. 低档长黑做空有下列风险：

（1）急跌的快速反弹。

（2）低档逢低承接的买盘。

（3）低档放量长黑是空头最后力竭的现象。

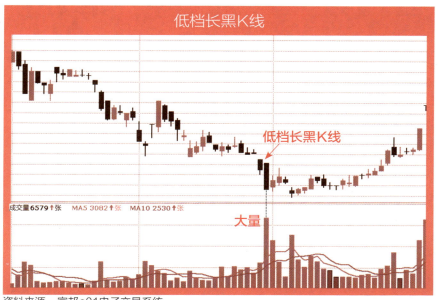

资料来源：富邦e01电子交易系统

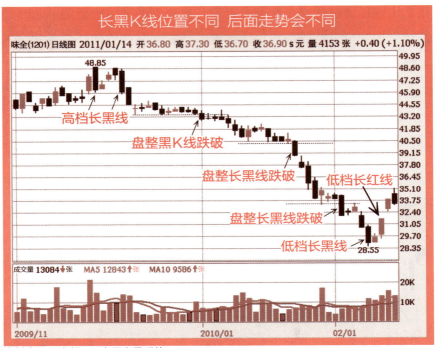

长黑K线位置不同 后面走势会不同

味全(1201)日线图 2011/01/14 开36.80 高37.30 低36.70 收36.90 s 元 量 4153张 +0.40 (+1.10%)

高档长黑线

盘整黑K线跌破

盘整长黑线跌破

低档长红线

盘整长黑线跌破

低档长黑线

资料来源：富邦e01电子交易系统

▌长上影线小实体的代表意义

　　长上影线小实体是指上影线很长，且长度超过实体的2倍以上、没有下影线的实体线型，又称为"流星"。在低档位置有人称为"多头尖兵"，在高档位置又称为"空头尖兵"。实体不管是红是黑，皆为反转的主要讯号。流星出现的位置不同，代表意义也不同：

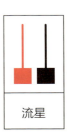

流星

1. 流星发生在上升趋势的末端，代表涨势无法持续，为转弱的空头线型，实体是红是黑并不重要。

2. 流星出现在下降走势的末端，可视为转强的讯号。由此处可以看出空头力道渐弱，多头盘中有能力上攻，且实体变小。

3. 下跌趋势的反弹，遇到压力区时，经常以流星来测试。

4. 盘中假突破新高价，收盘遇到压力无法突破又拉回，形成流星，代表该处压力很重。

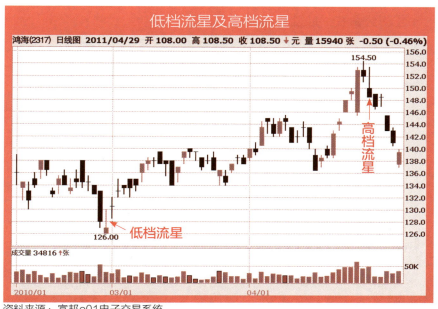

资料来源：富邦e01电子交易系统

▌长下影线小实体的代表意义

长下影线小实体是指下影线很长，且长度超过实体的2倍以上、没有上影线的实体线型，如果有上影线必须很短，实体是红是黑并不重要。在底部称为"锤子"，在头部称为"吊人"。不管实体是红是黑，皆为反转的讯号。长下影线小实体出现的位置不同，代表意义也不同：

锤子
与吊人

1. 低档出现带下影线实体（不分红黑）：

①影线愈长，底部可能性愈大。

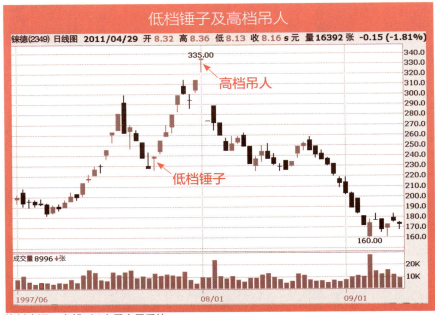

低档锤子及高档吊人

铼德(2349) 日线图 2011/04/29 开 8.32 高 8.36 低 8.13 收 8.16 s 元 量16392张 -0.15 (-1.81%)

高档吊人 335.00

低档锤子

160.00

成交量 8996↓张

1997/06　　　　08/01　　　　09/01

资料来源：富邦e01电子交易系统

②如果连续出现，探底成功机会更大。

③次日不破前一日最低点且底部往上移动，反转概率更高。

2. 盘整出现带下影实体线：股价在任何位置的盘整，出现带下影实体线，该下影线的最低点为止损点，没有跌破支撑可续抱，跌破支撑要小心是涨势的末端。

3. 高档出现带下影实体线：股价在高档出现带下影实体线，是主力诱多的陷阱，要特别小心。

▍十字线的代表意义

十字线是开盘价与收盘价相同，上下影线也约等长，代表此一位置多空势均力敌。

十字线是一个很重要的转机线，也称为"变盘线"，能否转变，第2、3日的走势极为重要。十字线出现在高档、低档、盘整时，各代表不同意义：

十字线

在低档出现十字线

1. 在低档区出现十字线，可注意找买点。

2. 若次日开盘在上方，有转强可能，在下方可能要再打底。

3. 次日收盘突破前一日十字线最高点，可视为初步止跌。

4. 次日收盘跌破前一日十字线最低点，小心还要往下探底。

在盘整时出现十字线

十字线在盘整时，意义比较小。

在高档出现十字线

1. 股价涨到高档或涨到重要压力位置，如果出现十字线，应视为变盘讯号，宜开始找卖点。

2. 十字线是震荡盘，上下影线愈长，震荡幅度愈大。

3. 涨到高档，大幅震荡又出大量，筹码极易松动。

4. 十字线次日K线如再上攻收红，视为换手成功，还有行情。

5. 十字线次日K线如翻黑，视为换手失败，难再有行情。

资料来源：富邦e01电子交易系统

第**4**章

23种单一K线形态的代表意义

	名称：长红K线 意义：1. 表示多头气势特强。 2. 在低档出现大量长红或在盘整后出现大量长红突破，是进场讯号。 3. 在高档出现大量长红要小心，第2、3日不涨，是主力出货现象；如果继续上涨，代表筹码换手成功。
	名称：中红K线 意义：1. 表示多头气势强。 2. 在上升走势中常出现，保持多头不变。 3. 在下跌走势出现，视为一般性反弹，单一次出现，无法改变下跌趋势。
	名称：小红K线 意义：1. 表示多头气势略强。 2. 在强势上升走势中出现，多头渐弱，要注意是否出现强势多头惯性改变的现象。 3. 在下跌走势中出现，视为弱势反弹，如果连续出现不再破底，可能形成底部。

	名称：有上影线的长红K线 **意义**：参考长红K线，多方向上，但是上面小有压力，继续观察后面的走势发展。
	名称：有上影线的中红K线 **意义**：参考中红K线，多头气势向上，但是上面遇有压力拉回。
	名称：有长上影线的小红小黑K线 **意义**：1. 在高档，代表多方向上涨势受阻，遭遇强大压力。 　　　　2. 在低档，代表空方有止跌现象，上影线表示多方盘中曾经向上试探压力的大小。
	名称：有下影线的长红K线 **意义**：盘中小跌开盘价，走势仍向上，拉出长红K线后再上涨，代表多头气势强。
	名称：有下影线的中红K线 **意义**：下跌后再上涨，代表多头气势强。
	名称：有长下影线的小红小黑K线 **意义**：1. 在高档，代表多方的上涨气势受阻，盘中跌破开盘价甚多，空方力道显现。 　　　　2. 在低档，代表空方有止跌现象，低档有撑向上拉升。
	名称：有上下影线的长红K线或中红K线，又称纺锤线 **意义**：多空拉锯，上有压，下有撑，多头仍强。

	名称：有长上下影线的小红小黑K线，又称纺锤线 意义：1. 在低档的位置，为试探底部的讯号。 　　　2. 在高档，表示欲振乏力。 　　　3. 实体小，也可视为十字线，有变盘的可能，注意日后的走势变化。
	名称：长黑K线 意义：1. 表示空头气势特强。 　　　2. 在高档出现大量长黑，或在盘整时出现大量长黑跌破盘整，是卖出还是放空讯号。 　　　3. 在低档出现大量长黑K后要注意，第2、3日不跌，是初步止跌现象，如果继续下跌，表示空头尚未结束。
	名称：中黑K线 意义：1. 表示空头气势强。 　　　2. 在下跌走势中常出现，保持空头不变。 　　　3. 在上涨走势出现，视为一般性修正，单一次出现，无法改变上涨趋势。
	名称：小黑K线 意义：1. 表示空头气势略强。 　　　2. 在强势下跌走势中出现，代表空头稍弱，要注意是否出现强势空头惯性改变的现象。 　　　3. 在上涨走势中出现，视为弱势回档，如果连续出现不再过前面最高点的情况，可能形成短期转空。
	名称：有上影线的长黑K线 意义：参考长黑K线，空头气势向下，多方盘中曾经反弹，但仍无力而压回，空方气势强。

	名称：有上影线的中黑K线 意义：参考中黑线，空头气势向下，多方盘中曾经反弹但仍无力而压回。
	名称：有下影线的长黑K线 意义：盘中低点小反弹，走势仍向下，拉出长黑K线后再下跌，空头强。
	名称：有下影线的中黑K线 意义：下跌低点后反弹，走势仍向下，空头强。
	名称：有上下影线的长黑K线 意义：多空出现拉锯，空头强。
	名称：倒T字线，又称墓碑线 意义：1. 在高档，代表多方向上涨势受阻，遭遇强大压力，要注意后面发展。 2. 在低档，代表空方有止跌现象，上影线表示多方盘中曾向上试探，注意后面发展。
	名称：T字线 意义：1. 在高档出现空方向下掼压，虽然收盘拉回开盘价，已透露多方无力再向上，但也有多方诱多的出货可能，要小心。 2. 在低档出现，代表空方有止跌现象。
	名称：十字线，又称变盘线 意义：多空势均力敌，狭幅待变，注意后面走势发展。
	名称：一字线 意义：一价到底，强势涨停或跌停，为多头或空头最强力表态。

第**5**章

掌握16种关键K线 判别进出场讯号

我们观察K线走势图时，每天交易后产生的K线都要仔细分析追踪。K线在连续行进的时候，会出现明显的长红K线、长黑K线，这些长红K线或长黑K线，往往就是行情短线的转折点，因此又称为"关键K线"。

当关键K线出现时，要立刻去看前面整个走势的波形波向，先确认好走势方向，再看该关键K线前面数日的K线表现，就很容易看出这些关键K线是要上攻还是要下跌。

掌握本章的16种关键K线，就能让你掌握进出场的先机，在股市中自然能增加你的获利能力。

8种出现买进讯号的关键K线

以下提供8种出现买进讯号的关键K线，请务必牢记！

1. 往上突破前数日横盘的最高点，出现长红K线。

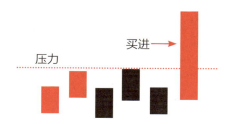

买进 →

压力

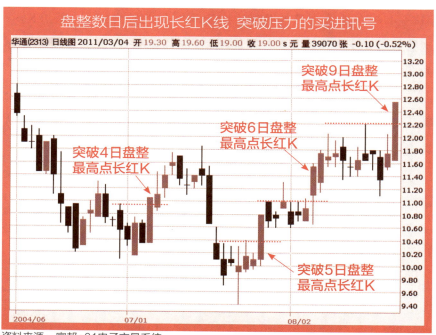

盘整数日后出现长红K线 突破压力的买进讯号

华通(2313) 日线图 2011/03/04 开 19.30 高 19.60 低 19.00 收 19.00 s 元 量 39070 张 -0.10 (-0.52%)

突破9日盘整
最高点长红K

突破6日盘整
最高点长红K

突破4日盘整
最高点长红K

突破5日盘整
最高点长红K

2004/06　　　07/01　　　08/02

资料来源：富邦e01电子交易系统

2. 股价下跌，出现长红K线突破前数日高点。

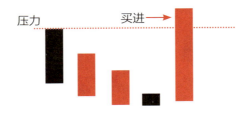

压力　　　　买进 →

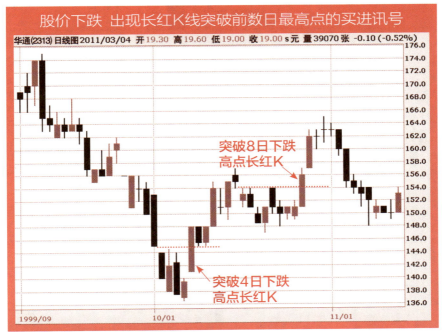

股价下跌 出现长红K线突破前数日最高点的买进讯号

华通(2313) 日线图 2011/03/04 开 19.30 高 19.60 低 19.00 收 19.00 s 元 量 39070 张 -0.10 (-0.52%)

突破8日下跌
高点长红K

突破4日下跌
高点长红K

资料来源：富邦e01电子交易系统

3. 股价下跌一段时间后出现长黑K线，要注意明后天是否有止跌向上的买进讯号，当日长黑不能马上接。

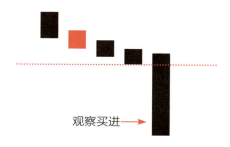

观察买进 →

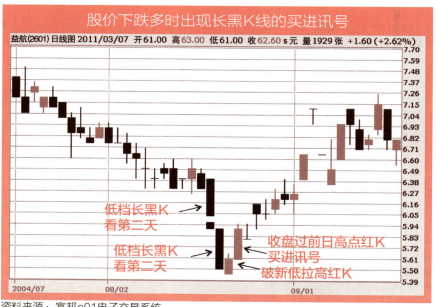

股价下跌多时出现长黑K线的买进讯号

益航(2601)日线图 2011/03/07 开61.00 高63.00 低61.00 收62.60 s元 量1929张 +1.60 (+2.62%)

低档长黑K
看第二天

低档长黑K
看第二天

收盘过前日高点红K
买进讯号

破新低拉高红K

资料来源：富邦e01电子交易系统

4. 股价下跌时出现长下影线，注意第2、3天的买进讯号，若隔日出现红K线，不再跌破低点，可能转上涨。

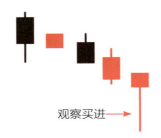

观察买进 →

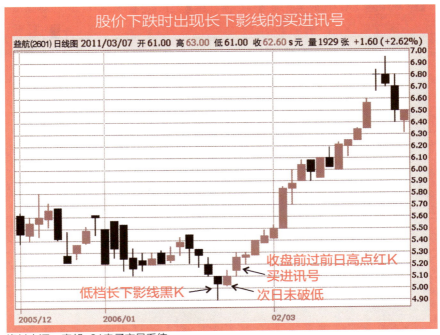

股价下跌时出现长下影线的买进讯号

益航(2601) 日线图 2011/03/07 开61.00 高63.00 低61.00 收62.60 s元 量1929张 +1.60 (+2.62%)

收盘前过前日高点红K
买进讯号

低档长下影线黑K

次日未破低

5. 股价在涨势，突破压力线。

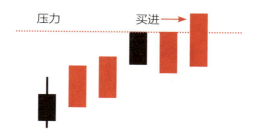

压力　　　　　买进 →

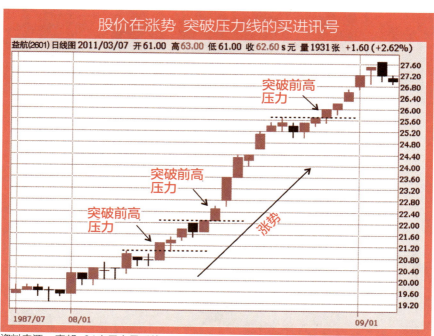

股价在涨势 突破压力线的买进讯号

益航(2601)日线图 2011/03/07 开61.00 高63.00 低61.00 收62.60 s元 量1931张 +1.60 (+2.62%)

突破前高压力
突破前高压力
突破前高压力
涨势

资料来源：富邦e01电子交易系统

6. 股价上涨中突然下跌，但3日内立刻又拉长红突破前波高点，为上涨的买进讯号。

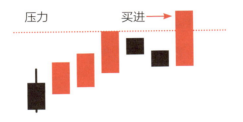

压力　　　　　　买进 →

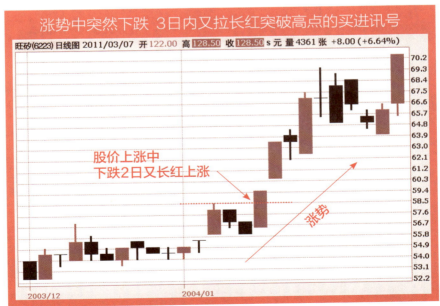

涨势中突然下跌 3日内又拉长红突破高点的买进讯号

旺矽(6223) 日线图 2011/03/07 开 122.00 高 128.50 收 128.50 s 元 量 4361 张 +8.00 (+6.64%)

股价上涨中
下跌2日又长红上涨

涨势

2003/12　　　　　　2004/01

资料来源：富邦e01电子交易系统

7. 股价出现长红K线突破盘整区，为买进讯号。

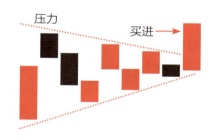

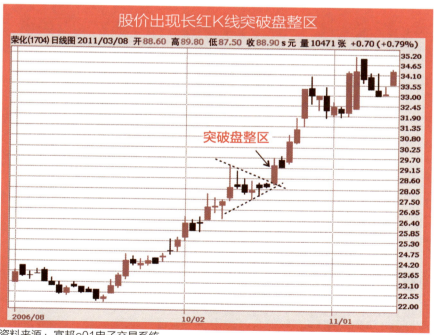

资料来源：富邦e01电子交易系统

8. 股价连续3线下跌，但出现一根长红K线吃回3天的下跌，是买进讯号。

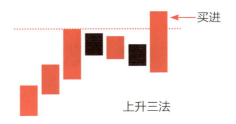

买进

上升三法

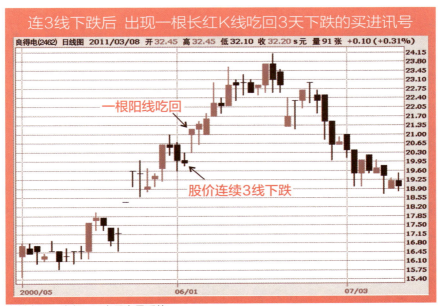

连3线下跌后 出现一根长红K线吃回3天下跌的买进讯号

良得电(2462) 日线图 2011/03/08 开 32.45 高 32.45 低 32.10 收 32.20 s 元 量91 张 +0.10 (+0.31%)

一根阳线吃回

股价连续3线下跌

资料来源：富邦e01电子交易系统

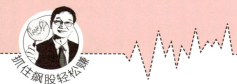
▌8种出现卖出讯号的关键K线

以下提供8种出现卖出讯号的关键K线，请务必牢记！

1. 往下跌破数日横盘的最低点，出现长黑K线。

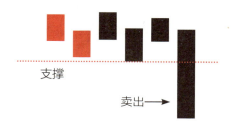

支撑

卖出 ⟶

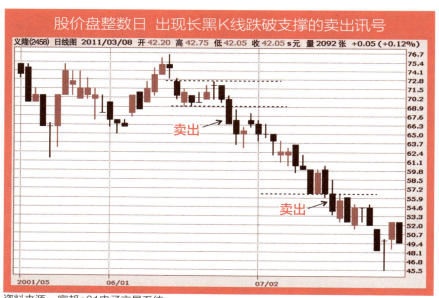

资料来源：富邦e01电子交易系统

2. 股价上涨多时，高档出现带量的长红K线，要观察次日走势，准备卖出。

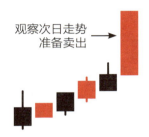

观察次日走势
准备卖出

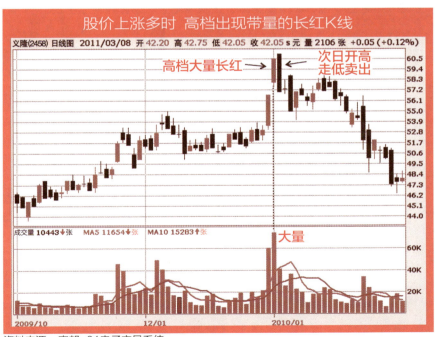

股价上涨多时 高档出现带量的长红K线

义隆(2458) 日线图 2011/03/08 开 42.20 高 42.75 低 42.05 收 42.05 s 元 量 2106 张 +0.05 (+0.12%)

高档大量长红

次日开高
走低卖出

成交量 10443 张 MA5 11654 张 MA10 15283 张

大量

资料来源：富邦e01电子交易系统

3. 股价上涨时，出现长黑K线，为卖出讯号。

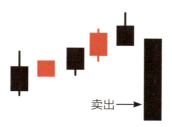

卖出 →

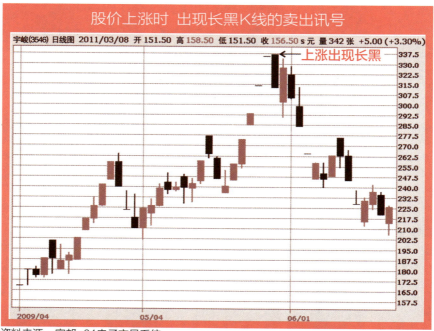

资料来源：富邦e01电子交易系统

4. 股价上涨时，出现长上影线，注意次日卖出讯号。若隔日出现黑K线，收盘无法过今日最高点，可能转下跌。

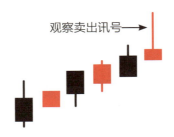

观察卖出讯号→

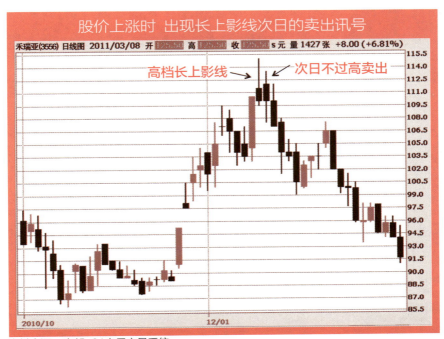

股价上涨时 出现长上影线次日的卖出讯号

禾瑞亚(3556) 日线图 2011/03/08 开 125.50 高 125.50 收 125.50 s元 量 1427张 +8.00 (+6.81%)

高档长上影线↘   ↙次日不过高卖出

资料来源：富邦e01电子交易系统

5. 股价上涨时出现长下影线，注意次日卖出讯号。隔日收盘不过最高点，可能转下跌。

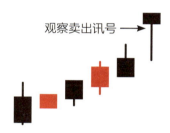

观察卖出讯号 →

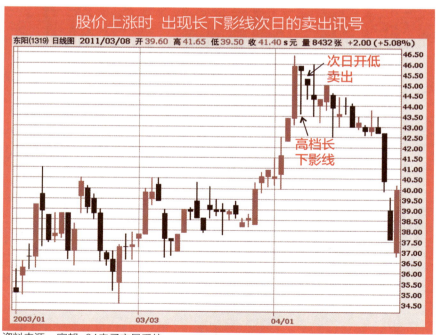

资料来源：富邦e01电子交易系统

6. 股价下跌时，跌破前数日最低点，为继续卖出讯号。

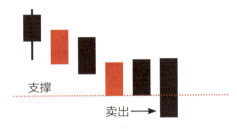

支撑

卖出 →

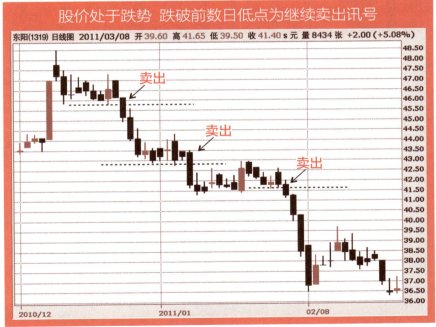

资料来源：富邦e01电子交易系统

7. 股价出现长黑K线跌破盘整区，为卖出讯号。

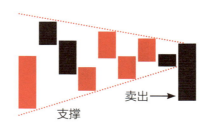

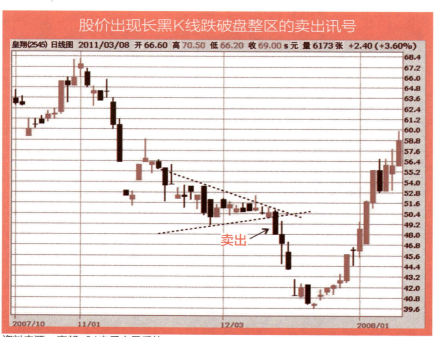

股价出现长黑K线跌破盘整区的卖出讯号

资料来源：富邦e01电子交易系统

8. 股价连续三线上升，但出现一根长黑K线跌破的卖出讯号。

下降三法

卖出

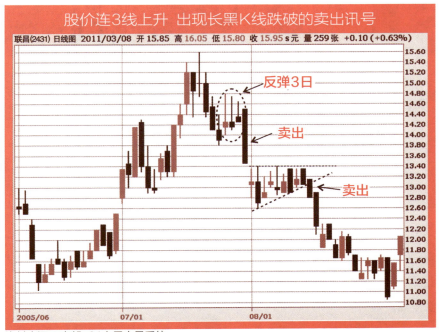

资料来源：富邦e01电子交易系统

以关键K线判别买卖讯号

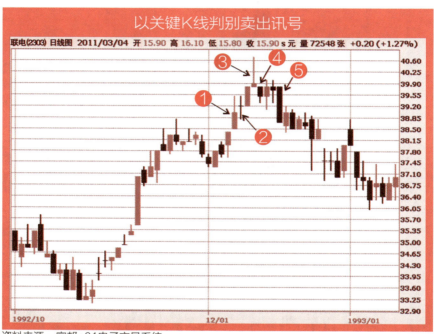

以关键K线判别卖出讯号

资料来源：富邦e01电子交易系统

▲上图说明：

① 在高档出现长上影线的红K线，上方有压。

② 隔日出现十字线，有可能变盘，观察第2天，如持续出现红K线，仍处多头格局。

③ 高档出现长上影线的小红K线，上方压力很重。

④ 开盘弱势向下，手中如有持股应出场。

⑤ 在高档出现长黑K线，跌破前6天最低点，转空。

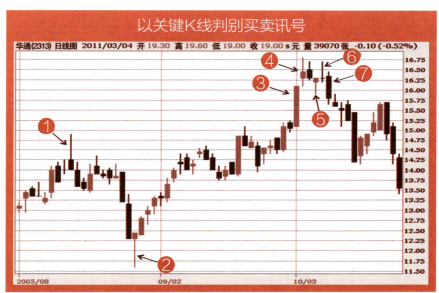

资料来源：富邦e01电子交易系统

▲上图说明：

1 高档出现长上影线黑K线，上方有压，后面数日均无法过黑K线最高点。

2 在低档出现锤子，下方有撑，第2天开高走高可买进。

3 在高档拉出长红k线，要注意后面数日发展。

4 出现上下影线红K线，多空拉锯，要看后面走势。

5 在高档出现吊人红K线，但仍下跌，小心主力诱多出货。

6 在高档出现十字线，上面压力很大，收盘无法过前一日最高点，往下变盘概率高。

7 在高档出现上下影线中黑K线，跌破4日盘整区，转空。

以关键K线判别买卖讯号

华经(2468) 日线图 2011/01/21 开 14.30 高 14.35 收 14.25 s 元 量 116 张 -0.10 (-0.70%)

成交量 1945↑张 MA5 1495↓张 MA10 2272↓张

资料来源：富邦e01电子交易系统

▲上图说明：

① 在低档出量拉出红K线，突破前数日盘整最高点买进。

② 出现大量长上影线黑K线，出场（当日未出，次日开低要出）。

③ 出现大量长红K线突破前波高点，买进。

④ 在高档出现大量长红K线，要注意次日变化。

⑤ 在高档出现十字变盘线，卖出，或次日开盘往下，即刻卖出。

⑥ 开低走低拉出长黑K线，反转确认。

第6章

看懂K线缺口
明确掌握进出讯号

在一般的K线图中，常会看到K线缺口，也就是连续两个交易日间存在没有成交的价位，也称为"跳空"，图解说明如下：

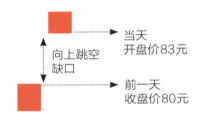

80 ~ 83元之间没有成交价位

80 ~ 77元之间没有成交价位

▎ K线缺口的形成

当买卖双方力量显著不均衡时，就会形成缺口。一般而言，产生跳空的因素有二，一为突发的利多或利空造成；二为市场主力的强势表现。

在多头或空头确立之后出现的跳空缺口，往往是加速行进方向的讯号，所以在技术分析当中，对缺口的认识相当重要，一定要学

会判断。

K线缺口的意义

跳空缺口是一种强力动能的现象，是一个非常强势的买进或卖出讯号，力量远大于长红K线或长黑K线。当K线图出现强势往上或往下突破盘整压力的跳空时，经常会有比较大的涨幅或跌幅出现，因此，跳空缺口对于以后股价的走势有很大的参考价值。

并且，跳空缺口的上下缘，经常是重要的支撑关卡。上涨的跳空缺口，缺口的上缘是第一道支撑关卡，下缘是第二道支撑关卡。跳空后回档是否能够守住这两道关卡，是重要观察位置。如果能守住向上，则为强势多头趋势，下跌则相反。

要注意的是，因公司发放股息股利当天所造成的除权息缺口，因为可预知，不会影响技术分析，所以不列入此处的讨论范围。

认识4种缺口及其观察重点

缺口依照所在的位置，可区分为"普通缺口""突破缺口""测量缺口""竭尽缺口"，而竭尽缺口如出现"岛状反转"则为大涨、大跌的前兆。

1. 普通缺口

经常出现在盘整区域，多因消息面影响或短期买卖不平衡而出现，很容易在一两天就封闭，无法产生突破的力道或助涨力道，对技术分析意义不大，又称为"区域缺口"。

2. 突破缺口

股价遇到盘整区压力时，以强力往上跳空的方式直接突破压力区，或往下跳空跌破下颈线支撑，让空头或多头无法立即反应，此为突破缺口，属于强力买进或卖出的讯号。

突破缺口分为"向上突破"与"向下突破"两种，通常发生在低档底部或高档头部完成后，对后面走势的表态，因此要特别重视。突破缺口有4个观察重点：

（1）"向上突破"需要明显的大量配合，而且成交量要持续增加，这种配合大量的向上跳空，通常不会回补。

（2）缺口在3天内跌回起涨点，则是"假突破"。

（3）"向上突破"开口愈大，上涨力道愈强。"向下突破"开口愈大，下跌力道愈强。

（4）"向下突破"不一定要有大成交量。此时要当机立断，立刻退出股市或者反手放空。

3. 测量缺口

测量缺口是指股价经过一段上升或下跌之后，在中途发生的跳空缺口，由于此处出现向上或向下缺口，代表行情尚未结束，可以粗略预测未来还有约1倍的距离。测量缺口有2个观察重点：

（1）测量缺口的成交量不是必然特别大，出现的次数比"普通缺口"和"突破缺口"少得多。

（2）在上升趋势中出现"测量缺口"，这是市场强势的表现，如果收盘价跌破缺口的下缘，代表上升趋势转弱；在下跌趋势中，

出现往下的"测量缺口"，则为市场继续弱势的象征。

4. 竭尽缺口

"向上竭尽缺口"为股价经过大涨到达波段高点时出现的"跳空缺口"，此时资金后续动能渐渐耗尽，为上涨行情就要结束的讯号。

反之，当股价经过主跌段之后，接手的投资人再度杀出，一阵恐慌，股价出现"跳空下跌缺口"，形成"向下竭尽缺口"，此时相当于股价的末跌段。

竭尽缺口代表行情末升段或末跌段的后段，投资人一窝蜂追高抢买或极度悲观杀出持股所造成的跳空情形。

竭尽缺口的出现，表示多或空的力道都在竭尽最后的力量，此时应静待行情的反转，是另一波段做空或做多的好机会。

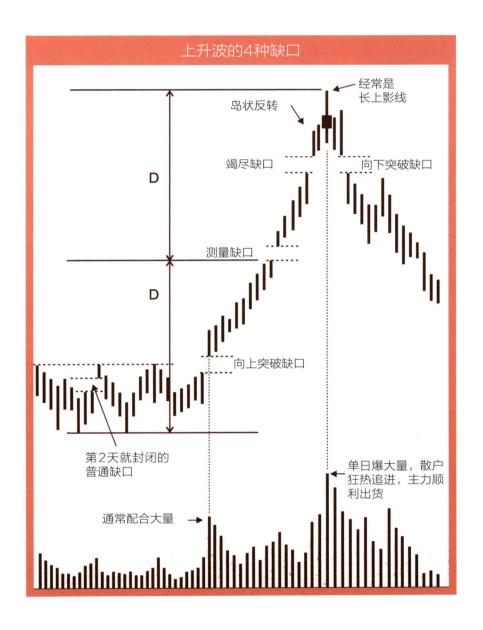

上升波的4种缺口

岛状反转

经常是
长上影线

竭尽缺口

向下突破缺口

D

测量缺口

D

向上突破缺口

第2天就封闭的
普通缺口

单日爆大量，散户
狂热追进，主力顺
利出货

通常配合大量

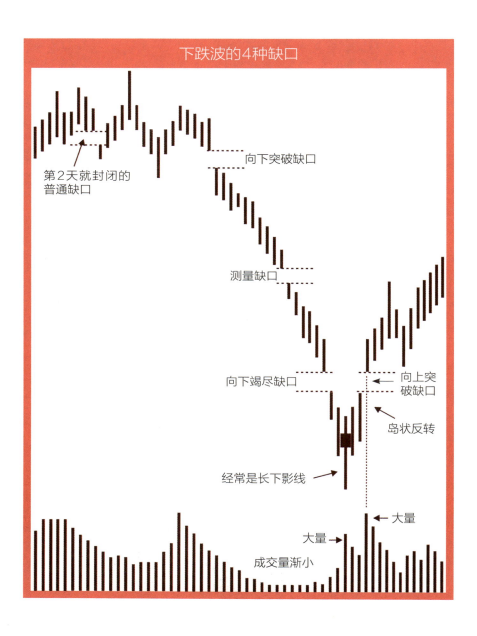

下跌波的4种缺口

第2天就封闭的普通缺口

向下突破缺口

测量缺口

向下竭尽缺口

向上突破缺口

岛状反转

经常是长下影线

大量

大量

成交量渐小

岛状反转 大涨大跌的前兆

当股价跳空向上后，出现高档无力的现象，接着立即以向下跳空方式下跌，图形看上去，左右各有缺口，中间高出的股价形成海上岛屿状，因此称为"岛状反转"，反之亦然。

一般而言，岛状反转不常出现，一旦出现，在高档会是大跌走势的前兆，也是做空的好机会。出现在底部的岛状反转，当然是大涨的讯号，为把握做多的好机会。

岛状反转的结构，可能只有一根K线就反转，也可能2、3天后反转，也可能经过较多天的盘整后再反转，盘整日期愈多，日后的行情愈大。

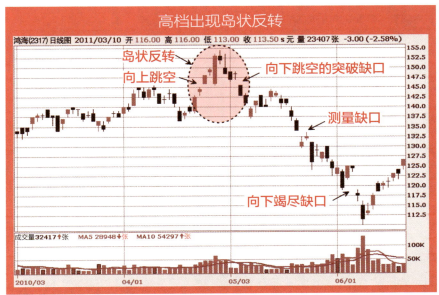

资料来源：富邦e01电子交易系统

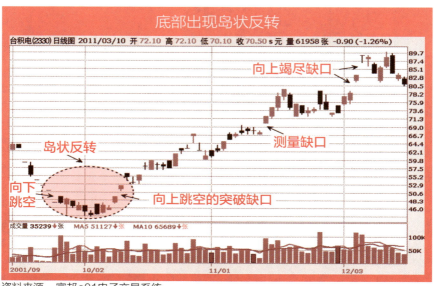

资料来源：富邦e01电子交易系统

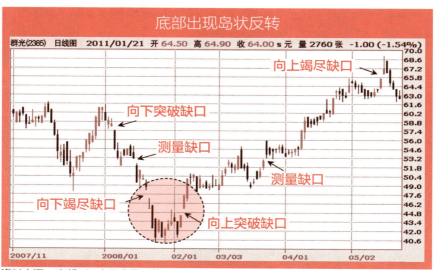

资料来源：富邦e01电子交易系统

第7章

跟着K线顺势操作
傻瓜也能操盘

　　股市的操作方法千百种，在此介绍给读者一种简单的K线顺势操作方法。由于该方法简单，不妨就称为"傻瓜操盘法"。

▌ 使用K线顺势操作法的6个条件

　　我们在学一种方法前，一定要先知道这种方法的条件限制，也就是说要在符合的条件下去使用，才能达到赚钱的效果。适合使用K线顺势操作方法的条件有以下几种：

　　1. 一定要顺势交易，先确认行情走势是多头或空头，行情是多头时只能做多，行情是空头时只能做空。

　　2. 此方法适用于短线交易，因此要在行情发动时介入。

　　3. 走势愈明确，效果愈好，因此很适合作为强势股发动后的操作方法。

　　4. 无论买进卖出，均以收盘价来决定。

　　5. 走势的确认：

　　（1）头头高、底底高，为多头走势。

　　（2）头头低、底底低，为空头走势。

6. 进场时机：配合波形、波向看趋势及K线进出讯号。

（1）多头：

①打底完成底底高后，出现带大量上涨的红K线、股价收盘价突破前一日最高点、突破下降切线或突破底部盘整上颈线。

②上涨途中回档后再上涨的红K线，股价收盘价突破前一日最高点时。

③上涨中盘整完毕，股价收盘价向上突破盘整区时。

（2）空头：

①高档头部完成头头低后，出现的下跌黑K线、股价收盘价跌破前一日最低点、跌破上升切线或跌破头部盘整下颈线。

②下跌走势中反弹后再下跌的黑K线，股价收盘价跌破前一日最低点时。

③下跌中盘整完毕，股价收盘价向下跌破盘整区时。

（3）一日反转：

①跌深或急跌的一日反转或V形反转。

②涨多或急涨的一日反转或倒V形反转。

▌K线操作法的7点交易规则

每一次的股票交易，有人看好买，也有人看坏卖，其中只有一方看对。我们要学习看对的方向，操作对的方法，做对的动作，不要被输赢的思维所左右。因此，使用K线顺势操作法，一定要注意以下7点交易规则：

1. 在多头市场的交易规则：

（1）进场点：收盘前确认股价，突破前一日最高点时，买进。

（2）续抱条件：每天收盘前检视股价，没有跌破前一日最低点时，续抱。

（3）出场点：收盘前确认股价跌破前一日最低点时，出场。

（4）止损点：设在进场当日K线股价的最低点。

2. 在空头市场的交易规则：

（1）进场点：收盘前确认股价跌破前一日最低点时，放空。

（2）续抱条件：每天收盘前检视股价，没有突破前一日最高点时，续抱。

（3）出场点（回补）：收盘前确认股价，突破前一日最高点时，出场（回补）。

（4）止损点：设在进场当日K线股价的最高点。

3. 无论何时进场，必须遵守止损、止盈的纪律。

4. 资金的分配投入要灵活，走势明朗时可加大资金投入，走势不明或有疑虑时应小量投入资金或退出操作。

5. 如果行情走单边市场（一直多或一直空），这个方法就很好用，但是盘整行情时，就会经常止损。因此，在选择投资标的时要特别注意，要挑选走势清楚的个股。

6. 走势平缓时，可做短线微利的交易（上升或下跌的斜率在30度到45度之间，低于30度走势不建议用此方法）。如果平均进出一次获利2%，交易10次就会有20%的投资回报率，获利也很可观。

7. 走势强劲时，可做短线快速获利的交易（上升或下跌的斜率在45度以上），往往能够简单轻松快速获得最大利润。

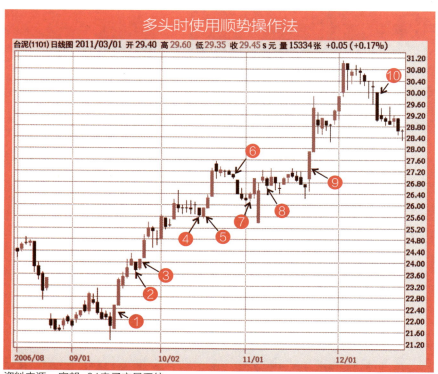

多头时使用顺势操作法

台泥(1101)日线图 2011/03/01 开29.40 高29.60 低29.35 收29.45 s 元 量15334张 +0.05 (+0.17%)

资料来源：富邦e01电子交易系统

▲上图说明：

❶ 底部反转，底底高，出现长红K线，过前一日最高点，收盘价22.5元，买进。

❷ 收盘价23.75元，跌破前一日最低点，卖出。

③ 收盘价24.1元，过前一日最高点，买进。

④ 收盘价25.65元，跌破前一日最低点，卖出。

⑤ 收盘价25.9元，过前一日最高点，买进。

⑥ 收盘价27元，跌破前一日最低点，卖出。

⑦ 收盘价26.4元，过前一日最高点，买进。

⑧ 收盘价26.7元，跌破前一日最低点，卖出。此处出现"头头低"，退出观察。

⑨ 收盘价27.9元，过盘整最高点，买进。

⑩ 收盘价29.05元，跌破前一日最低点，卖出。

> **结果统计：** 进出5次，获利5.35元，获利率23.8%。

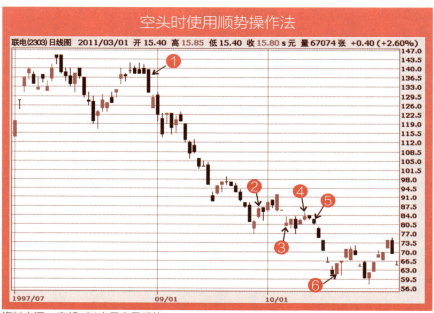

资料来源：富邦e01电子交易系统

▲上图说明：

① 头部头头低，出现反转，长黑K线跌破前一日最低点，收盘价131元，放空。

② 收盘价86.5元，突破前一日最高点，回补。

③ 收盘价81元，跌破前一日最低点，放空。

④ 收盘价83.5元，突破前一日最高点，回补。

⑤ 收盘价81元，跌破前一日最低点，放空。

⑥ 收盘价65.5元，突破前一日最高点，回补。

结果统计：进出3次，获利57.5元，获利率43.9%。

底部一日反转时使用顺势操作法

荣化(1704) 日线图 2011/04/01 开 85.20 高 85.70 低 84.60 收 85.00 s 元 量 4155 张 +0.40 (+0.47%)

资料来源：富邦e01电子交易系统

▲上图说明：

❶ 底部一日反转，次日过前一日最高点7.35元，进场。

❷ 收盘跌破前一日最低点9元，出场。

❸ 头部一日反转，跌破最低点，收盘9元，放空。

❹ 收盘涨破前一日最高点7.4元，回补。

结果统计：

第1次获利1.65元，获利率22.4%（16个交易日）。

第2次获利1.60元，获利率17.8%（5个交易日）。

第**3**篇

均线切线
让你看穿支撑与压力

　　本篇介绍均线的形成，并图解说明均线的上扬、下弯、多头排列、空头排列、助涨、助跌、支撑、压力、多空变化、纠结，易读易懂。

　　同时，对切线的趋势变化、支撑压力的应用，都有详细的介绍。

第**1**章

认识移动平均线
开创你的赚钱线

移动平均线（Moving Average，MA，简称均线）是一个很平凡却很伟大的工具。均线不是万能，但没有均线万万不能。

移动平均线就是一定期间平均股价移动的一条曲线。例如，5日移动平均线（简称5日均线或MA5），就是每天收盘后的收盘价加上前4天的收盘价，一共5天的收盘价加以平均，即为当日的5日均价。每天的5日均价连接而成的曲线，即为5日移动平均线。

▍移动平均线的由来及算法

移动平均线由葛兰碧（Granvile Joseph）在1960年提出，是指将某一段时间的收盘价平均值作为画线的指标，以此指标逐日向前推进而产生的曲线。

至于移动平均线的计算方法，以5日移动平均线为例，算法为：（今天收盘股价＋前4天的收盘股价）÷5＝5日均价，如此每个交易日都会得到一个5日均价，将每天的5日均价连接成一条往前推进的曲线，即是5日均线。

同理，可以画出10日、20日、60日、120日、240日等各种不同期间的移动平均线，以周为单位所画出的平均线称为5周、10周……均线，以月为单位称为月均线。

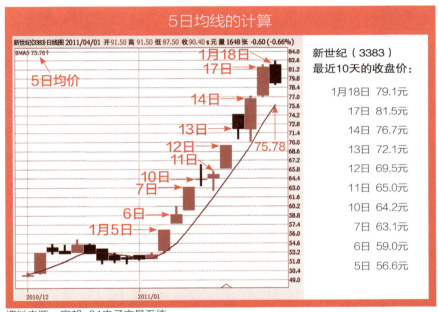

资料来源：富邦e01电子交易系统

▲1月18日的5日均价的计算方法：

5日均价（MA5）：（79.1＋81.5＋76.7＋72.1＋69.5）÷5＝75.78

10日均价（MA10）：（1月18日的收盘价＋前面9天的收盘价）÷10，你可以自己算一算看。

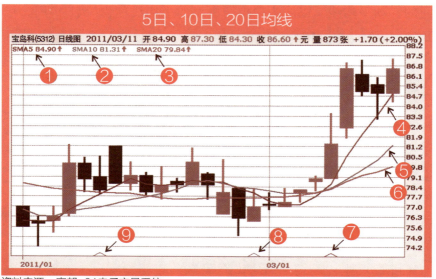

资料来源：富邦e01电子交易系统

▲上图说明：

① 3月11日的5日均价为84.9元，右边↑表示均线向上。

②③ 10日均价为81.31元，20日均价为79.84元，均线皆向上。

④ 5日均线，目前向上走。

⑤ 10日均线，目前向上走。

⑥ 20日均线，目前向上走。

⑦ 标示5日均线的前5天K线位置。

⑧ 标示10日均线的前10天K线位置。

⑨ 标示20日均线的前20天K线位置。

移动平均线的基本概念

由151页的计算可以看出，5日均价就是5天的平均成本，10日均价就是10天的平均成本，其他均价以此类推。移动平均线的时间参数可以自行设定，以适应自己的操作策略（例如设3日、12日等）。

移动平均线是收盘价的计算，它是落后大盘的指标，必须配合其他指标综合研判行情。

目前股市每周交易5天，5日均线就代表股市交易人一周的平均成本，又称周线；10日均线约为半个月的成本；20日均线约为一个月的成本，又称月线；60日均线约为3个月的成本，又称季线；以此类推。

也有人用24日均线当作月线、72日均线为季线、144日均线为半年线、288日均线为年线。

对于短期、中期及长期均线，依个人交易策略的不同，而决定使用不同的均线。

1. **长期策略**：数月的交易，一般使用10周、20周均线。

2. **中期策略**：数星期的交易，一般使用20日、60日均线。

3. **短期策略**：数日的交易，一般使用3日、5日、10日均线。

4. **超短期策略**：当冲交易，一般使用1分、5分、10分、60分均线。

▌ 看懂K线图移动平均线的意义

移动平均线的算法你已经学会了，其实这只是让你了解平均线的由来，并不需要你天天去计算。只要打开看盘软件的K线图，这些均线图、数据、方向、位置全都标示在图上，我们直接拿来用就好了。

资料来源：富邦e01电子交易系统

▲上图说明：

1. 图上方 ❶ ❷ ❸ ❹ 分别表示5日、10日、20日、60日均价，均价右边的箭头，表示均线的方向是往上、往下还是走平。

2. 图下方 ❺ ❻ ❼ ❽ 的位置，各有一个^记号，分别表示前5日、前10日、前20日、前60日的日K线位置，不必一根一根地计算。

3. 图中间的4条曲线，分别以不同的深浅颜色，代表不同期间的均线。

第**2**章
摸清均线的特性
控盘功夫更上层楼

移动平均线又称为控盘线，为股票操作的主要依据。如果想在市场上轻松操作，均线是你必须用心研究的重要功课。移动平均线具有以下功能：1. 可看出市场短期、中期、长期的格局；2. 可看出何时转折及支撑压力的位置；3. 可以知道趋势方向及是否要大涨或大跌；4. 可以单线操作、双线控盘。

▌ 从均线看出多空趋势方向

均线的移动方向分为向上、向下、走平。当均线向上，等于是交易人每天用高于前几日的平均成本在交易，表示趋势向上；当均线向下，等于是交易人每天用低于前几日的平均成本在交易，表示趋势往下发展。

短期、中期及长期均线有时方向不同，表示趋势不同。例如，短期均线向下，中长期均线向上，表示短线趋势往下修正，但是中长期的趋势仍然往上。当短期均线与中长期均线朝同一方向移动，通常会持续几天或几个月后，才会改变而朝不同的方向移动。

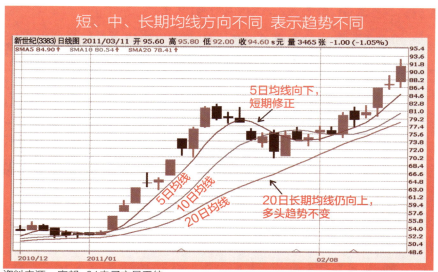

资料来源：富邦e01电子交易系统

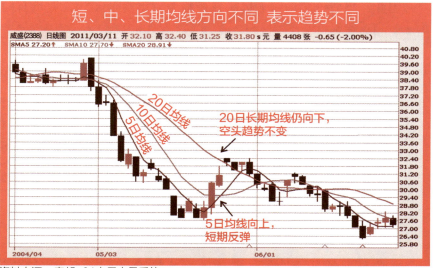

资料来源：富邦e01电子交易系统

▌从均线看出交易人的平均成本

均线代表平均价，股价位置在均线之上，代表在此均线期内进场买进股票者处于获利状态。反之，股价位置在均线之下，代表在此均线期内进场买进股票者处于赔钱状态。

同时，均线也代表某个期间的平均成本。当股价上涨远超过此成本区，获利的人将陆续获利出场，想买进的人则会迟疑不决，容易造成股价向平均成本价的均线回跌，一般称为"修正"或"回档"。

同样，当股价下跌远超过此成本区，赔钱的不愿再杀出，空手的人认为物超所值而愿意进场买进，容易造成股价向均线方向上涨，一般称为"反弹"。

因此，当股价离均线太远（一般称为"乖离过大"），股价有向均线回归的特性。

20日均线代表的持股成本意义

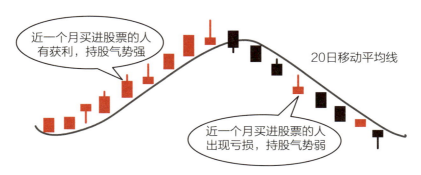

近一个月买进股票的人有获利，持股气势强

20日移动平均线

近一个月买进股票的人出现亏损，持股气势弱

▌均线具有助涨助跌的惯性

　　均线往上弯曲，代表平均股价逐日走扬上涨，此时的均线有助涨的惯性作用。当均线往下弯曲，代表平均股价逐日萎缩下跌，此时均线有助跌的惯性作用。因此当股价靠近均线时，均线是上弯还是下弯，对股价会产生助涨或助跌的效果。

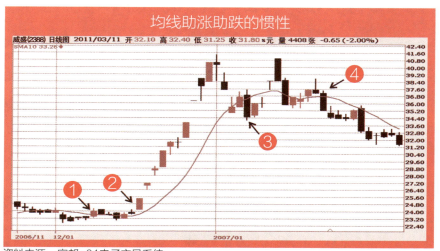

资料来源：富邦e01电子交易系统

▲上图说明：

❶ 股价收盘站上均线，但均线向下，虽然角度平缓，但是仍具助跌惯性，导致股价无法直接上攻。

❷ 股价上涨，均线上弯，产生助涨惯性。

❸ 股价跌破均线，但均线仍向上，有助涨惯性，造成股价反弹。

❹ 股价跌破均线，均线下弯，有助跌惯性，加速股价下跌。

看懂长周期均线 掌握趋势

长周期的均线，代表长期趋势的方向。当趋势形成时，都会行进一段时间，而且趋势无法在短时期就改变。掌握长周期的均线方向，即可掌握趋势，沿着此方向一路做多或做空，直到趋势改变。一般重要的长周期均线为月线、季线、年线。

从长周期的上升趋势日线掌握趋势

联电(2303) 还原日线图 2011/04/29 开 15.10 高 15.15 收 14.85 s 元 量 57337 张 -0.25 (-1.66%)

SMA5 10.14↓ SMA20 11.71↓

20日均线开始下弯，股价跌破5日均线下，容易继续往下。

5日均线

20日均线

20日均线还强力上升，股价即使跌破5日均线下，几天后还可能再回到原轨道。

资料来源：富邦e01电子交易系统

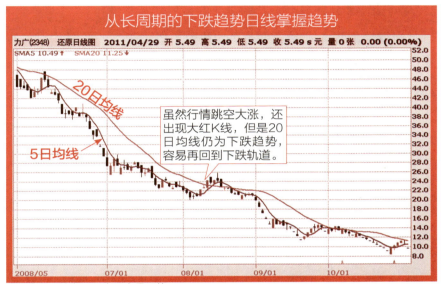

从长周期的下跌趋势日线掌握趋势

力广(2348) 还原日线图 2011/04/29 开 5.49 高 5.49 低 5.49 收 5.49 s 元 量 0张 0.00 (0.00%)

SMA5 10.49↑ SMA20 11.25↓

20日均线

5日均线

虽然行情跳空大涨，还出现大红K线，但是20日均线仍为下跌趋势，容易再回到下跌轨道。

资料来源：富邦e01电子交易系统

抓住飙股轻松赚

从均线找出支撑、压力

当行情趋势上升时，移动平均线位于股价下方，此时均线具有支撑的作用。当行情趋势下跌时，移动平均线位于股价上方，此时均线具有压力的作用。

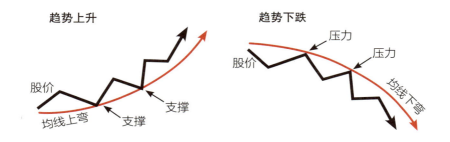

当行情趋势由上升转为下跌时，移动平均线由股价下方逐渐走向股价上方，由支撑变成压力。当行情趋势由下跌转为上升时，移动平均线由股价上方逐渐走向股价下方，由压力变成支撑。

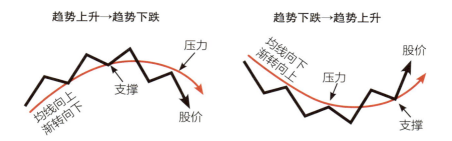

第2章 ▶▶▶ 摸清均线的特性　控盘功夫更上层楼

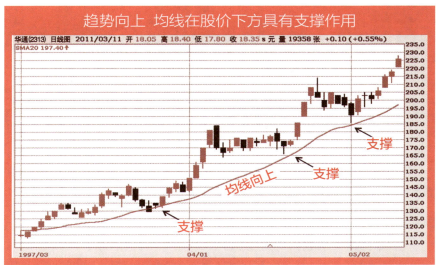

资料来源：富邦e01电子交易系统

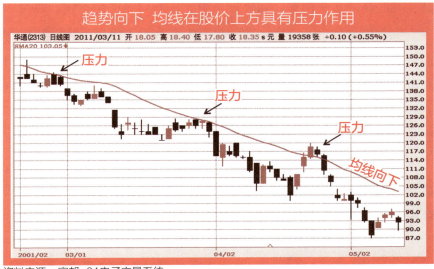

资料来源：富邦e01电子交易系统

第**3**章

均线的5种应用：排列、交叉、乖离、扣抵与反转

我们在前面介绍的是单一均线的功能，如果把短、中、长期多条均线放在一起，不同的相互位置，就会产生许多不同的结果，这些结果对股价走势的研判非常重要。

想要掌握一只股票的趋势方向，除了看波浪形态，均线也是重要的工具。利用多条均线，可以弥补波浪形态不足之处，例如头头高、底底高的多头形态。如果短、中、长期均线排列不佳，即使是多头也无法顺利上涨，大多数的投资人因为看不懂多条均线的应用而常在买进后遇到挫折。本章说明均线的5种应用，给读者提供判断走势的参考。

▎均线的3种排列形态

短期、中期、长期均线的排列形态分为多头排列、空头排列、盘整排列3种，此3种排列方式构成整个股票上涨、下跌与盘整的循环模式。以下逐一说明：

1. 多头排列

多头排列是指短期、中期、长期均线依次由上向下排列，代表持有股票愈久的人赚得愈多，短期的投资人愿意用较高的价格买进股票，行情看好。

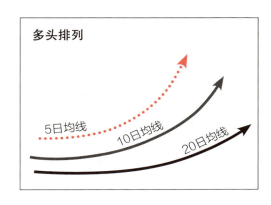

2. 空头排列

空头排列是指短期、中期、长期均线依次由下向上排列，代表持有股票愈久的人赔得愈多，短期的投资人只愿用较低的价格买进，行情往下看淡。

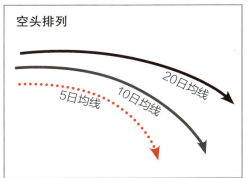

3. 盘整排列

盘整排列是指短期、中期、长期均线上下交错排列，代表股价上下震荡，投资人短线进出，均线无法产生一致性方向。

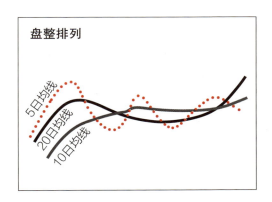

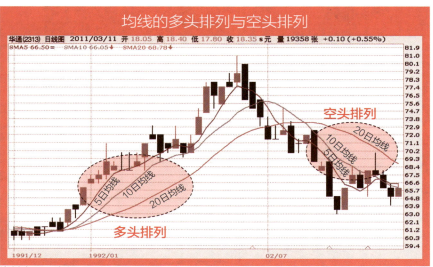

资料来源：富邦e01电子交易系统

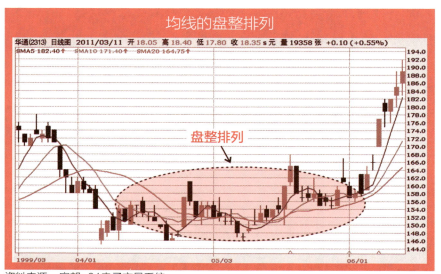

资料来源：富邦e01电子交易系统

█ 黄金交叉与死亡交叉

　　黄金交叉是指，上升中的短天期移动平均线，由下往上穿过长天期的移动平均线；死亡交叉是指，下降中的短天期移动平均线，由上往下穿过长天期的移动平均线。

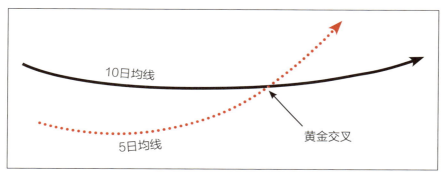

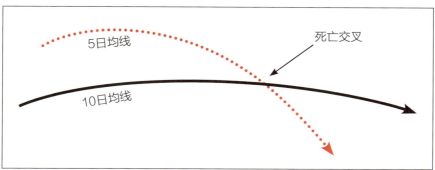

股市中没有百分之百的赚钱方法，只有百分之百的执行力，才能让你累积财富。

出现黄金交叉的因应策略

1. 平日锁股：将有上涨潜力的股票建立资料夹，持续追踪走势，当看到长久下跌的股价带量站上均线之上，出现黄金交叉，要把握机会进场。

2. 回档买进：比较安全的做法，适合谨慎的投资人。

3. 顺势操作：确认市场为上升多头走势时，一路做多，不但容易赚到钱，而且不容易赔钱。

4. 多头假跌破：需要经过后面1、2天的验证。可分为两种：

①盘中跌破：威胁性比较小，收盘时又拉回到均线之上。

②收盘价跌破：比较严重，必须密切注意次日的开盘价、收盘价、最高价、最低价以及成交量的变化做因应。

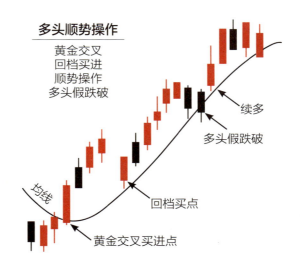

多头顺势操作
黄金交叉
回档买进
顺势操作
多头假跌破

续多
多头假跌破
回档买点
均线
黄金交叉买进点

出现死亡交叉的因应策略

1. 看到死亡交叉，要有警觉，做多宜获利了结，反手放空。因为，一旦确定死亡交叉，往往要下跌3波之后，才能止跌。

2. 反弹放空：老手在此确认空头后再度加码放空的时机。

3. 顺势操作：确认市场为下跌空头走势时，买方不易获利，交易策略应一路做空获利。

4. 空头假突破：需要经过后面1、2天的验证，可分为两种：

①盘中突破：威胁性比较小，收盘时又跌到均线之下。

②收盘价突破：比较严重，必须密切注意次日的开盘价、收盘价、最高价、最低价以及成交量的变化做因应。

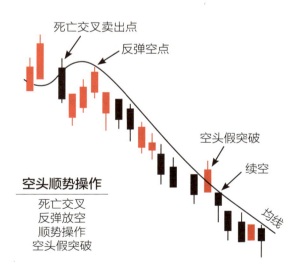

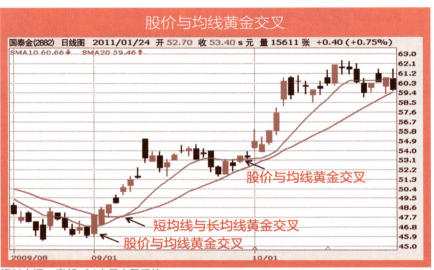

资料来源：富邦e01电子交易系统

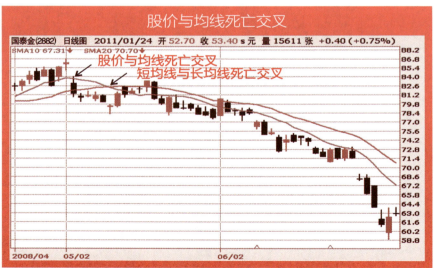

资料来源：富邦e01电子交易系统

均线黄金交叉的成功与失败

在相对低档的位置，技术线型出现黄金交叉时会买进，但往往走势不尽如人意，只上涨一小段又往下。以下我们将探讨，什么状况下黄金交叉容易失败，什么状况下容易成功地往上涨。

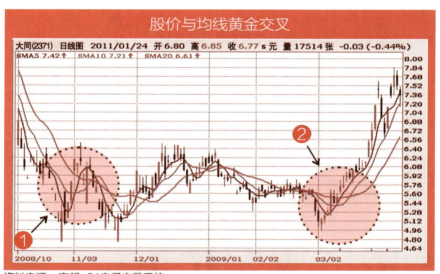

资料来源：富邦e01电子交易系统

▲上图说明：

1 黄金交叉后容易拉回的情况：5日均线穿过10日均线产生黄金交叉，由于20日均线仍然下弯形成压力，股价站上20日均线后容易拉回。

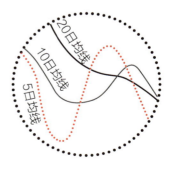

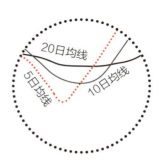

❷ 黄金交叉后容易续涨的情况：5日均线穿过10日均线产生黄金交叉，此时20日均线走平且渐转向上产生助涨力道，股价站上20日均线后容易续涨。

▋ 均线死亡交叉的成功与失败

在相对高档的位置，技术线型出现死亡交叉时会放空，但往往走势只下跌一小段又往上。以下我们探讨，什么状况下死亡交叉往下容易反弹，什么状况下容易成真正下跌。

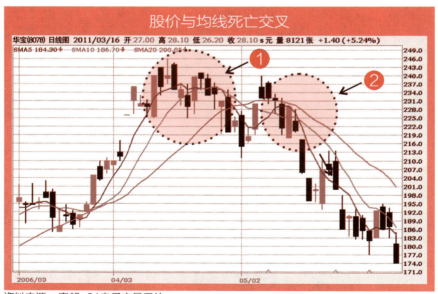

资料来源：富邦e01电子交易系统

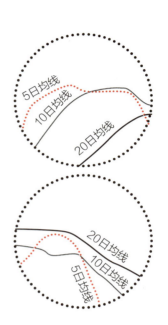

◀上页图说明：

❶ 死亡交叉后容易反弹的情况：5日均线穿过10日均线产生死亡交叉，由于20日均线仍然往上形成助涨力，股价跌破20日均线后容易再向上反弹。

❷ 死亡交叉后容易下跌的情况：5日均线穿过10日均线产生死亡交叉，由于20日均线已往下形成助跌力，股价跌破20日均线后容易快速下跌。

▎用均线乖离判断超买或超卖

所谓的均线乖离是指，实际股价与移动平均价之间的价差，此价差相对于均价的百分比称为乖离率。举例说明如下：

1. 正乖离：当天收盘股价100元，当日的5日均线的均价为80元。

两者价差＝100－80＝20　　乖离率＝20÷800＝＋25%

2. 负乖离：当天收盘股价80元，当日的5日均线的均价为100元。

两者价差＝80－100＝－20　　乖离率＝－20÷100＝－20%

当正乖离过大，表示股价离均价过大，容易造成获利了结的卖压；如负乖离过大，容易吸引买盘进场低接，因此股价会往均线位置靠拢。

均线乖离只限于个别股票使用，因为个股的资本额大小不同，

乖离的尺度会不同。一般而言，大型股的正负乖离率约10%，即可视为超买或超卖；中小型股约20%，则可视为超买或超卖。

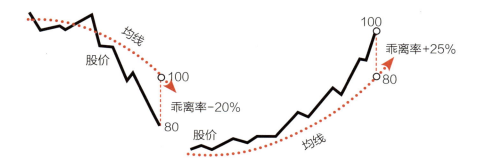

判别股价高档、低档的MA通道

所谓的"MA通道"是指，结合移动平均线与乖离的组合通道，利用MA通道来相互确认K线形态与价位区，可以判别股价位置目前是处于高档或低档。

K线和移动平均线都是判断行情的指标，如果两者同时发出"买进"的讯号，彼此之间也"互相确认"，那么可靠度就会很高。

同时，移动平均线所传达的讯息比K线要可靠，因为移动平均线有其"趋势性"，K线是单一的、实时性的行情，遇到人为做假或投资人集体过度恐慌或过度乐观，很容易表现在一根或几根K线上，若忽略"趋势"而单以K线作为买卖讯号，被骗的概率就比较高。

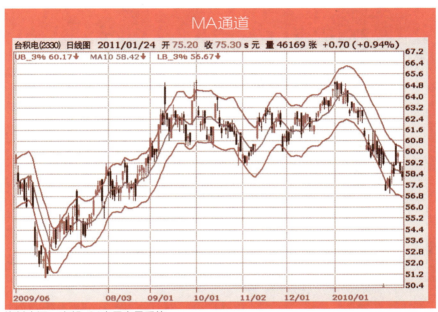

资料来源：富邦e01电子交易系统

▋认识均线扣抵

均线的均价是随每日新的收盘价计算而在变化，当日我们把新的收盘价加入，把最前面一天的收盘价减去，称为"扣抵"。均线扣抵具有以下2大功能：

功能1：领先掌握均线的方向

从下页图可以看出，在2011年3月10日当天的5日均线的均价为116.1元，均线刚好走平，次日均价＝（580.5元－117.5元＋次日收盘价）÷5，因此，如果次日收盘价低于117.5元，那么均线就会改成往下弯。

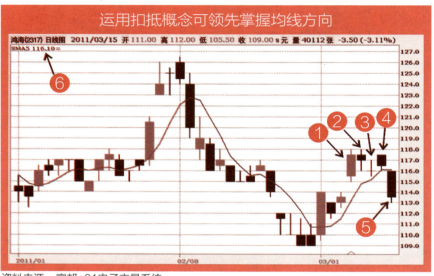

运用扣抵概念可领先掌握均线方向

鸿海(2317) 日线图 2011/03/15 开 111.00 高 112.00 低 105.50 收 109.00 s 元 量 40112张 -3.50 (-3.11%)

SMA5 116.10

资料来源：富邦e01电子交易系统

鸿海（2317）近5日收盘价			
⑤	2011/03/10	113.5	元
④	2011/03/09	116.5	元
③	2011/03/08	116	元
②	2011/03/07	117	元
①	2011/03/06	117.5	元

5日均价：
113.5
+ 116.5
+ 116
+ 117
+ 117.5
= 580.5 ÷ 5 = 116.1元 → ⑥

功能2：计算次日的操盘价（进出场价）

从下图可以看出，2011年7月22日当天的5日均价为119.4元，均线往下，次日均价＝（597元－120.5元＋次日收盘价）÷5，因此，次日收盘如果高于120.5元，均线就会改成往上弯。而且收盘价站上5日均线，这时如依据5日均线操作做多，则可以买进。

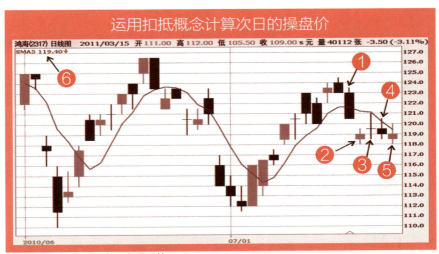

运用扣抵概念计算次日的操盘价

资料来源：富邦e01电子交易系统

鸿海（2317）近5日收盘价		
⑤	2010/07/22	119 元
④	2010/07/21	119 元
③	2010/07/20	119.5 元
②	2010/07/19	119 元
①	2010/07/18	120.5 元

5日均价：
$$119 + 119 + 119.5 + 119 + 120.5 = 597 \div 5 = 119.4元 \rightarrow ⑥$$

均线的反转

均线的反转形态有多头反转、空头反转、盘整区排列3种，以下逐一说明：

1. 多头反转

股价在相对高档的位置，由多头反转成为空头的时候，均线也由多头排列逐渐反转成为空头的排列，即为多头反转。

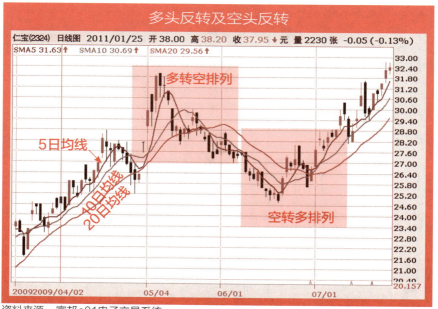

资料来源：富邦e01电子交易系统

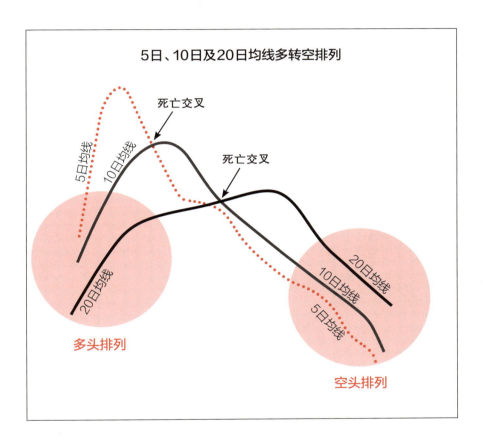

5日、10日及20日均线多转空排列

死亡交叉

死亡交叉

5日均线

10日均线

20日均线

多头排列

20日均线

10日均线

5日均线

空头排列

▲上图说明：

● 多头转为空头：短期的5日均线先上扬后转为下弯，并且向下穿过10日均线，形成死亡交叉。

● 空头排列：短中期的5日均线及10日均线，同时向下穿过长期的20日均线，这3条均线变成空头排列。

2. 空头反转

股价在相对低档的位置，由空头反转成为多头的时候，均线也由空头排列逐渐反转成为多头的排列，即为空头反转。

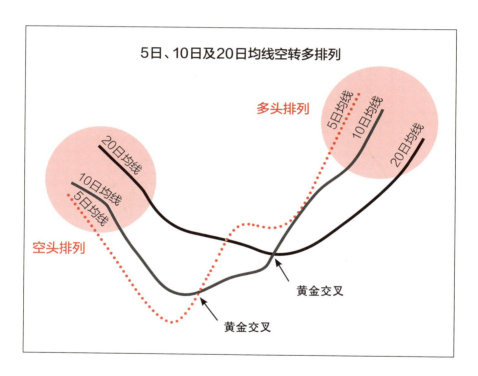

5日、10日及20日均线空转多排列

多头排列

5日均线　10日均线　20日均线

20日均线

10日均线

5日均线

空头排列

黄金交叉

黄金交叉

▲上图说明：

● 空头转为多头：短期5日均线先往下后转为上扬，并且向上穿过10日均线，形成黄金交叉。

● 多头排列：短中期的5日均线及10日均线，同时向上穿过长期的20日均线，这3条均线变成多头排列。

3. 盘整区排列

股价进入盘整区时，均线的排列就不会那么有顺序，短期均线会上下穿梭于中长期均线，均线排列杂乱。

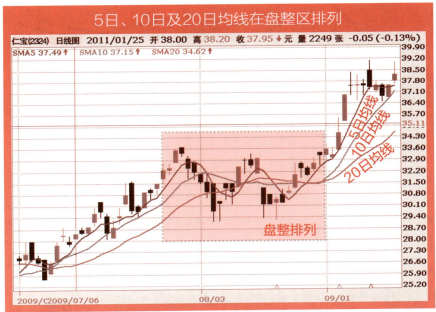

资料来源：富邦e01电子交易系统

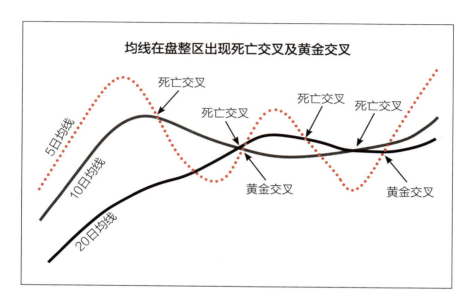

均线在盘整区出现死亡交叉及黄金交叉

▲上图说明：

● 当股市在盘整区时，短期5日均线会在中、长期均线上下穿梭，不时出现死亡交叉或黄金交叉。

● 当短、中、长期的5日均线、10日均线、20日均线排列忽上忽下变换，此时趋势不明朗，最好不要进场操作。

第**4**章
活用葛兰碧8大法则 掌握买卖位置

葛兰碧在1960年提出"移动平均线"的理论，根据他对股价走势与均线关系的观察发现，股价在一轮涨跌过程中有4个好的买进时机及4个好的卖出时机，统称为"葛兰碧8大法则"。

▌葛兰碧8大法则的4个买进时机

均线上扬时，会对股价产生支撑及助涨的功效，当股价与均线的乖离过大时，股价会往均线靠拢。因此掌握这个特性，即可掌握进场时机。

法则1：黄金交叉

在均线的下降趋势逐渐平缓，甚至转成上扬走势时，此时股价如出现由下方向上突破均线的走势，是买进的时机，如果带大量长红棒更好（次页图❶位置）。

法则2：回跌后上涨再买

股价在均线上方，当上涨一段时回档修正，遇到均线支撑而止跌，股价再次上涨时，是买进时机（次页图❷位置）。

"回跌后上涨再买"是行情走多头时的重要"进场买点"，多头

回档修正未跌破前面的低点（前波底），表示仍维持多头走势，所以，回档之后的再次上涨，是买进的好时机。

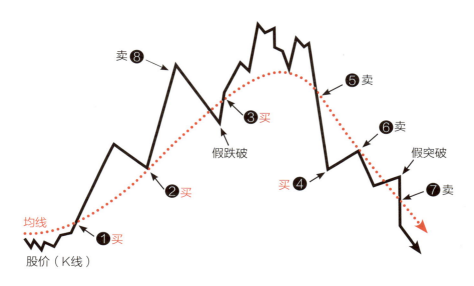

法则3：假跌破买上涨

股价虽然跌破均线，但很快（在3—5日内）弹升回到均线上方，且均线仍为上扬走势，股价仍维持多头方向，是买进时机（上图❸位置）。

法则4：跌深抢反弹

在空头走势中，股价在均线下方，突然爆跌，此时股价离均线甚远，乖离过大，股价反弹上涨向均线靠近时，是买进时机（上图❹位置）。

跌深抢反弹是在空头走势中做多，基本上是逆势交易，这时只能短线赚价差。由于上面均线方向往下，股价不涨或碰到均线遇到压力下跌时，都要立刻出场，甚至转成做空，即上页图的❻卖点。

▎葛兰碧8大法则的4个卖出时机

在均线下弯时，对股价会产生压力及助跌的功效，当股价与均线的乖离过大时，股价会往均线靠拢。因此掌握这个特性，即可掌握卖出时机。

法则5：死亡交叉

均线由上升方向逐渐平缓，甚至转向下弯态势，此时当股价由上向下跌破均线，是卖出（放空）的时机，但不一定需要大量（上页图❺位置）。

法则6：反弹后下跌再空

股价在均线下方，当下跌一段后反弹到均线遇到压力，股价再次下跌时，是卖出（放空）时机（上页图❻位置）。

"反弹后下跌再空"是行情走空头时的重要"放空卖点"，空头短期反弹未突破前面的高点（前波头），表示仍维持空头走势。所以，反弹之后的再次下跌，是放空的好时机。

法则7：假突破卖下跌

股价虽然突破均线，但很快（3—5日内）下跌回到均线下方，且均线仍为下弯走势，股价仍维持空头方向，是放空的时机（上页图❼位置）。

法则8： 涨高抢回档放空

多头走势股价在均线上方，突然爆涨，此时股价离均线甚远，乖离过大，股价回档下跌向均线靠近时是放空时机（184页图❽位置）。涨高抢回档放空，是在多头走势中做空，基本上是逆势交易，这时只能短线赚价差，由于下面均线方向往上，因此股价不跌或到均线支撑都要立刻回补，甚至转成做多，即184页图的❷买点。

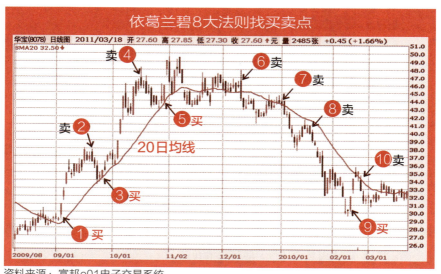

依葛兰碧8大法则找买卖点

华宝(8078) 日线图 2011/03/18 开 27.60 高 27.85 低 27.30 收 27.60 ↓元 量 2485张 +0.45 (+1.66%)

资料来源：富邦e01电子交易系统

▲上图说明：

❶ 股价与均线在低档黄金交叉，均线转向上，葛兰碧第1买点。

❷ 涨高空下跌，葛兰碧第8卖点。

❸ 回跌后上涨再买，葛兰碧第2买点。

④ 涨高空下跌，葛兰碧第8卖点。

⑤ 回跌后上涨再买，葛兰碧第2买点。

⑥ 股价与均线在高档死亡交叉，均线转向下，葛兰碧第5卖点。

⑦ 假突破，续下跌，葛兰碧第7卖点。

⑧ 反弹后下跌再空，葛兰碧第6卖点。

⑨ 跌深抢反弹，葛兰碧第4买点。

⑩ 假突破，续下跌，葛兰碧第7卖点。

▌活用葛兰碧8大法则的重点

从葛兰碧8大法则的进出位置，可以明确看出顺势交易的重要性。所以，当确认股价在多头走势时，以做多为主；在空头走势时，以做空为主。

当股价在均线之上，均线上扬，这条均线就有支撑的作用，因此股价有可能碰触到这条均线后止跌回升；当股价在均线之下，均线下弯，这条均线就有压力的作用，股价往上遇到这条均线后容易再跌下来。所以，均线有支撑与压力的两种作用。

在实际应用时，可以先找出长期处于上涨趋势的个股，等短期有交易机会再出手。总之，得找到对自己最有利的买卖点。

葛兰碧8大法则是对股价与一条均线的关系进行说明，操作者想采取长、中、短期哪一条均线，须依个人的策略而定，也可参考后续的均线操盘法，采取2条或3条均线控制方向及进出。

第**5**章

精通4种均线交易法
抓住飙股不求人

　　股票会涨会跌，当然有它背后的原因，我们不必去追究，只要定法定心去做，过些时日，原因自然显露。以下提供4种移动平均线的操作方法，想要抓住飙股必看！

▍一条均线操作法（20日均线法）

　　所谓的"一条均线操作法"是以20日均线为依据。以多头走势为例，当多头走势成立，均线上扬，股价站上20日均线时买进，跌破20日均线时卖出，再站上均线时再买进。

　　在市场处于多头走势时，运用一条均线操作法，可以赚多赔少，且大大减少操作次数，容易稳定操盘情绪，不失为多头时期的简易操作法。一条均线操作法也可采用3日、5日、10日等其他均线作为进出依据，越是短期均线，进出次数越频繁。

　　同样情况，以空头走势为例，当空头走势确立，均线下弯，股价落在20日均线之下时，则可以卖出或做空。

　　不过，一条均线操作法有3个缺点：

　　1. 采用短期3日或5日均线，股价与均线会频繁交叉，不断发出买卖讯号，因此，错误的讯号及骗线比较多。

2. 采用长周期的均线，例如10日、20日均线，这种错误及骗线的讯息会少很多，但却容易延误出场的时机。

3. 采用3日或5日的短期均线，由于上下变化快速，对长期趋势方向不易把握。因此可利用长期、短期不同的2根均线来解决一条均线的缺失。

资料来源：富邦e01电子交易系统

▲上图说明：

① 2004年10月20日收盘价21.6元买进（股价站上均线，均线走平）。

② 2004年11月26日收盘价26.4元卖出（股价跌破均线）。

③ 2004年11月29日收盘价27元买进（股价站上均线，均线上扬）。

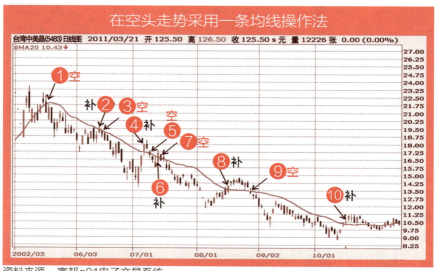

④ 2004年12月14日收盘价26.9元卖出（股价跌破均线）。

⑤ 2004年12月16日收盘价28.3元买进（股价站上均线，均线上扬）。

⑥ 2005年1月7日收盘价31元卖出（股价跌破均线）。

结果统计：

1. 第1次进出差价：26.4元 − 21.6元 = +4.8元

   第2次进出差价：26.9元 − 27元 = −0.1元

   第3次进出差价：31元 − 28.3元 = +2.7元

2. 合计差价为获利7.4元，两个半月进出3次，获利率34.3%。

资料来源：富邦e01电子交易系统

◀上页图说明：

❶ 在收盘价21元放空（跌破均线）。

❷ 在收盘价19.6元回补（站上均线）。

❸ 在收盘价18.9元放空（跌破均线）。

❹ 在收盘价18元回补（站上均线）。

❺ 在收盘价17元放空（跌破均线）。

❻ 在收盘价17.1元回补（站上均线）。

❼ 在收盘价16.4元放空（跌破均线）。

❽ 在收盘价14元回补（站上均线）。

❾ 在收盘价13.3元放空（跌破均线）。

❿ 在收盘价10.55元回补（站上均线）。

结果统计：

1. 5个月共进出5次。

2. 合计差价为获利7.35元，获利率35%。

两条均线操作法

所谓的"两条均线操作法"是以5日、20日均线为依据，5日均线适合用来当作短期进出的判断依据，20日均线则适合用来当作中长期趋势转折的判断依据。

两条均线操作法及口诀	
股价位置	操作方式
5日线之上、20日线之上	买进多单，20日线上扬
5日线之下、20日线之上	卖出多单，空手观望
口诀：**先买后卖不做空**	
5日线之下、20日线之下	卖出空单，20日线下弯
5日线之上、20日线之下	回补空单，空手观望
口诀：**先空后补不做多**	

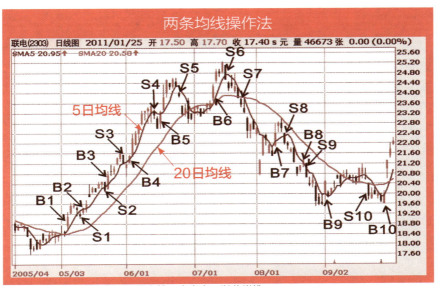

注：B1代表第一个买点，S1代表第一个卖点，以此类推。
资料来源：富邦e01电子交易系统

▲上图说明：

B1：5日均线穿过20日均线，股价站上
5日均线，买进。

S1：股价跌破5日均线，卖出。

B2：股价站上5日均线，买进。

S2：股价跌破5日均线，卖出。

B3：股价站上5日均线，买进。

S3：股价跌破5日均线，卖出。

B4：股价站上5日均线，买进。

S4：股价跌破5日均线，卖出。

B5：股价站上5日均线，买进。

S5：股价跌破5日均线，卖出。

B6：股价站上5日均线，买进。

S6：股价跌破5日均线，卖出。

S7：5日均线跌破20日均线，股价跌破
5日均线，放空。

B7：股价站上5日均线，回补。

S8：股价跌破5日均线，放空。

B8：股价站上5日均线，回补。

S9：股价跌破5日均线，放空。

B9：股价站上5日均线，回补。

S10：股价跌破5日均线，放空。

B10：股价站上5日均线，回补。

三条均线操作法

所谓的"三条均线操作法"是以3日、10日、20日均线为依据，其中以3日、10日这两条均线的黄金交叉与死亡交叉当作进出的依据，并以20日均线当作多空方向的依据。操作方法有以下2种：

1. 3日均线与10日均线黄金交叉，股价在20日均线之上，且20日均线向上，当股价站上3日线之上，买进多单；当3日均线与10日均线产生死亡交叉，股价跌破10日均线时卖出。

2. 3日均线与10日均线死亡交叉，股价在20日均线之下，且20日均线向下，当股价跌破3日线之下，空单进场；当3日均线与10日均线产生黄金交叉，股价站上10日均线时回补。

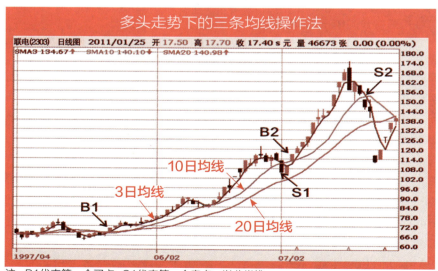

注：B1代表第一个买点，S1代表第一个卖点，以此类推。
资料来源：富邦e01电子交易系统

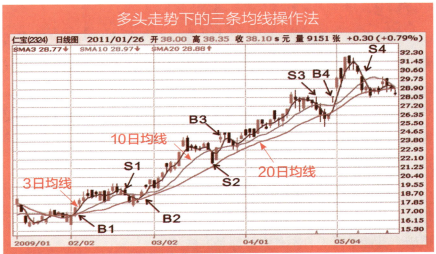

注：B1代表第一个买点，S1代表第一个卖点，以此类推。
资料来源：富邦e01电子交易系统

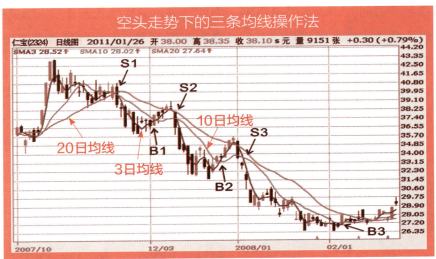

注：B1代表第一个买点，S1代表第一个卖点，以此类推。
资料来源：富邦e01电子交易系统

▌利用均线纠结 抓住飙股

当多条移动平均线纠结在一起之后，如末端出现向上突破或向下跌破，即是大涨或大跌的征兆。从下页的两个股价走势图可以看出，突破或跌破均线长期纠结后，都有一段不小的上升或下跌的走势，因此，把握均线纠结的突破或跌破，是观察及操作飙股的重要方法。

以下提供利用均线纠结抓住飙股的重要观念：

1. 移动平均线即是成本观念，若多条移动平均线纠结，即是累积多条移动平均线的能量。能量愈大，无论是往上喷出，或是往下掼破，其能量可观，不是大涨即是大跌。

2. 假设均线靠拢至120日均线（半年线）且纠结在一起，表示近半年买的人，成本都差不多。因此，股价最后无论向上突破还是向下跌破，这半年累积的大量投资人都将表态，因此容易造成飙涨或飙跌。

3. 均线靠拢纠结在一起，出现大量长红K线向上突破时，均线开始上扬。由于短期均线反应最快，均线开始呈现多头排列。

4. 均线靠拢纠结在一起，出现长黑K线向下跌破时，均线开始下弯。由于短期均线反应最快，均线开始呈现空头排列。

第5章 ▶▶▶ 精通4种均线交易法 抓住飙股不求人

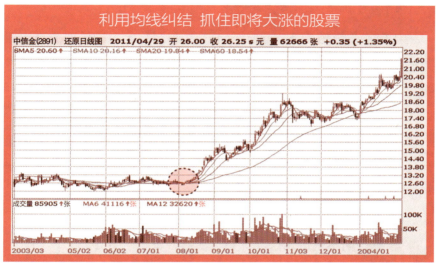

资料来源：富邦e01电子交易系统

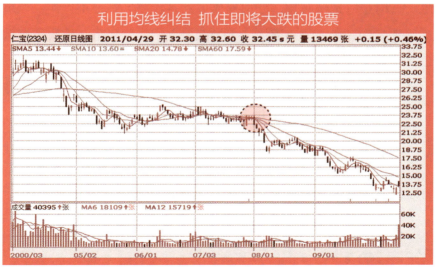

资料来源：富邦e01电子交易系统

▌移动平均线的3大缺点

任何操作方法都不可能十全十美，利用移动平均线作为进出股市的依据，同样会有缺点。我们了解缺点后，可以运用其他的技术指标来帮助修正，以达到更好的操作绩效。

1. 为落后指标

移动平均线是经过数日之后的平均值，股价往往上涨一大段后，平均线才开始上扬或形成黄金交叉，在下跌一大段后才下弯或形成死亡交叉。因此，它无法立刻反映股价的转折变化。我们可以用波形、波向及K线的转折来提早反映。

2. 盘整期不适用

当移动平均线在盘整区间相互上下穿梭时，由于无法看出一致性，此时最好退出观望。任何操作方法在盘整区都很难操作，如果一定要操作，可以将盘整区的上颈线及下颈线画出来，然后采取低进高出的方法赚差价。

3. 无法掌握最高及最低价位

用移动平均线操作进出，无法买到最低点及卖到最高点。

第**6**章

搞懂切线入门观念 揭开支撑及压力的秘密

一条切线就能定出方向，一条切线就能知道支撑及压力，一条切线就能知道趋势改变。

切线的意义

所谓的"切线"就是趋势线，股市每天交易前进时，股价都会朝一个方向进行，这个方向我们称为趋势。当方向确定后，无论走的时间是长还是短，要转变成另一个方向，都需要经过转换的过程。

我们可以用切线来表示趋势的方向，切线不但告诉我们行进方向，更重要的是，还能够告诉我们方向即将改变的讯息。同时，切线也有支撑与压力的作用。

切线的画法

下面将逐一介绍5种切线的画法，大家一起来练习技术分析的基本功吧！

1. 上升切线（上升趋势线）

在多头上涨走势中，股价涨涨跌跌中会明显看出高点愈来愈高，低点也同样愈来愈高。我们把上升中的两个最低点连接成一条向上的走势线，即为上升切线，又称为上升趋势线。

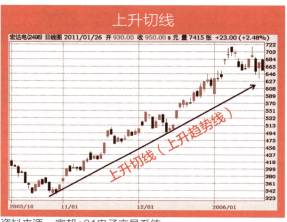

资料来源：富邦e01电子交易系统

2. 下降切线（下降趋势线）

在空头下跌走势中，股价高点愈来愈低，低点也愈来愈低。我们把下跌中的两个最高点连接成一条向下的走势线，即为下降切线，又称为下降趋势线。

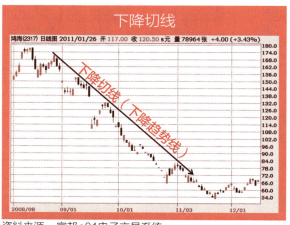

资料来源：富邦e01电子交易系统

3. 盘整切线

当股价进入盘整阶段，会发现高点不过高，而低点也不往下破低，股价在一个区域上下走动，我们将上方高点的连线称为"上颈线"，下方低点的连线称为"下颈线"。股价在上下颈线中盘整，会产生不同的盘整形态，而上下颈线是否被向上突破或被向下跌破，就是我们要观察的重点。

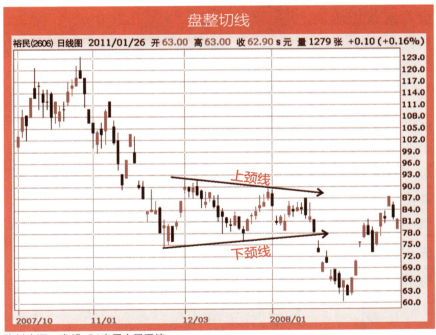

资料来源：富邦e01电子交易系统

4. 上升轨道线

当股价上升时，在股价上方连接两个高点，产生一条向上与上升切线略微平行的线，称为"上升轨道线"，股价在两线中走动，形成轨道趋势。

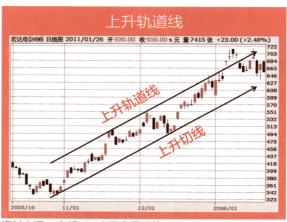

资料来源：富邦e01电子交易系统

5. 下跌轨道线

当股价下跌时，在股价下方连接两个低点，产生一条向下与下降切线略微平行的线，称为"下跌轨道线"，股价在两线中走动，形成轨道趋势。

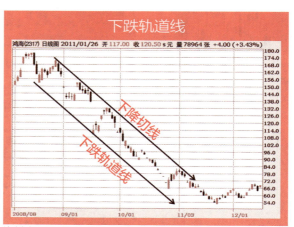

资料来源：富邦e01电子交易系统

趋势与切线的不同点

趋势与切线仍有一些差异，趋势是单纯指股价现在行进的方向，例如多头走势、空头走势、盘整休息；切线除了表示方向外，还会因同一趋势中股价的回档、反弹的转折而画出不同的切线。换句话说，趋势没有改变，但是切线会因产生新的转折点而可以画出新的切线。

趋势可以分为：

1. **长期趋势**：1年以上股价长期在同一个趋势内行进。

2. **中期趋势**：3个月以上、1年以下的股价波动方向。

3. **短期趋势**：短时间之内股价走的方向。

在一般的操作中，长期趋势要看月线走势图，中期趋势看周线走势图，短期趋势则看日线走势图的变化（详见204—205页的3个图例）。

一只股票在长期趋势中是多头，但是中短期趋势有可能是空头。所以，我们在操作时一定要分辨清楚，而且自己一定要明确知道自己是在做哪个周期的操作，否则很容易被市场主力修理而赔钱。

以下是台湾中寿（2823）在同一时期的月线图、周线图、日线图，三者的走势不同。

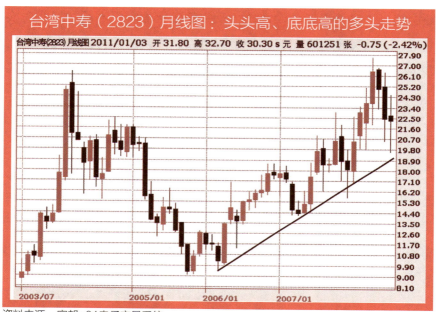

台湾中寿（2823）月线图：头头高、底底高的多头走势

台湾中寿(2823)月线图 2011/01/03 开 31.80 高 32.70 收 30.30 s 元 量 601251 张 -0.75 (-2.42%)

资料来源：富邦e01电子交易系统

资料来源：富邦e01电子交易系统

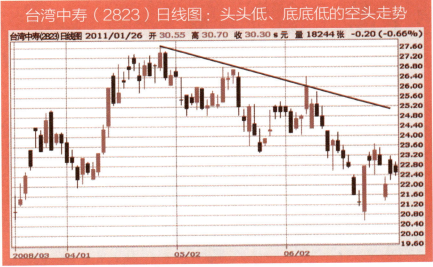

资料来源：富邦e01电子交易系统

▌对切线应有的基本概念

随着股价的变化会产生不同的切线，当切线的斜率愈高（角度愈大）表示股价上升的速度愈快，股价愈强。

当一个趋势的切线被跌破或突破，代表原来的趋势走向有改变的可能，但是并非一定会改变，尚需观察后面走势的状态才能确认。因此，股价突破下降切线或跌破上升切线，可视为改变走势方向惯性的第一个讯号。以下介绍3种切线：

1. 原始切线：

行情由空头转为多头时，第一次产生的两个最低点连接成的上升切线，称为"原始切线"。当趋势确立后，股价会离原始切线越来越远，日后股价回档，如果跌破原始切线后再转折向上产生新的低点，则原始切线将会修正。

2. 随机切线：

随着盘面走势变动而随时产生的切线。也就是说，走势每出现一次新的转折，都会产生新的切线。

3. 当下切线：

由超短期数天股价的最高点或最低点所连接的切线变化而画成的切线，一般被当作当下进场出场的参考。

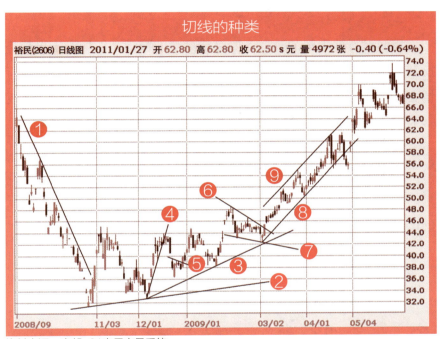

资料来源：富邦e01电子交易系统

▲上图说明：

1 下降切线。

2 由空转多的原始切线。

3 随机切线。

4 上升当下切线。

5 下降当下切线。

6 下降切线。

7 下降轨道线。

8 上升切线。

9 上升轨道线。

2 **3** **8** 三条上升切线的斜率愈来愈大，表示走势愈来愈强。

▌趋势反转的确认条件

我们对行情走势的改变，要保持高度的警觉。如果看不出趋势反转的讯号，做多没有卖掉，赚钱反而变成赔钱，甚至不知多头行情要结束，在高档还去追买股票，更是惨遭套牢。所以下面多空反转的现象，要牢记在心。

趋势的观察重点

1. 多头趋势的观察重点：头头高，底底高。涨势大于跌势。如果前一个低点被跌破或前一个高点过不去，都是多头趋势惯性改变的讯号。

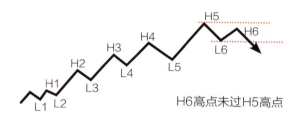

H6高点未过H5高点

2. 空头趋势的观察重点：头头低，底底低。跌势大于涨势。如果前一个高点被突破或前一个低点未跌破，都是空头趋势惯性改变的讯号。

L6低点未跌破L5低点

从切线判断由多转空的观察重点

1. 跌破上升切线。

2. 跌破前波低点，出现底底低。

3. 反弹不过前头高，出现头头低。

4. 继续跌破前波低点。

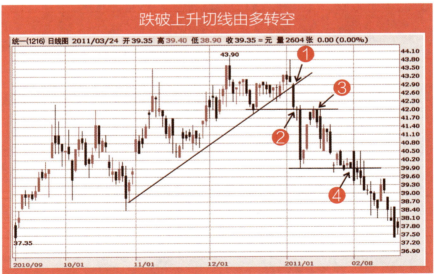

资料来源：富邦e01电子交易系统

从切线判断由空转多的观察重点

1. 突破下降切线。

2. 突破前波高点，出现头头高。

3. 回档不破前波低点，出现底底高。

4. 继续突破前波高点。

突破下降切线由空转多

资料来源：富邦e01电子交易系统

第**7**章
学会切线操作应用 挑出飙股与弱势股

在股市操作的学习有两大部分：一为基本专业知识；一为实际操作方法，以及操作情绪的控制。以下提供切线的实际操作方法。

▌用切线支撑与压力判别股票强弱

对于如何利用切线支撑与压力的强弱，找出飙股做多、弱势股放空，以下逐一介绍7种切线的基本应用方法。

1. 上升与下降切线各为支撑、压力

上升切线（趋势线）具有支撑的力量，下降切线（趋势线）具有压力的作用。

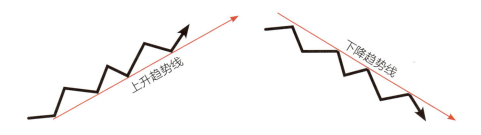

2. 角度愈大，支撑、压力也愈大

上升切线（趋势线）上升的角度愈大，支撑的力量愈大，下降切线（趋势线）下降的角度愈大，压力的作用愈大，见下方左图。

3. 挑出盘整期飙股的方法

在上升切线支撑及下降切线压力的应用方面，从下图可以看出，同样盘整的股票，图3最强，图2次强，图1较弱。综合以上分析，应选择图3股票往上突破上涨时做多。

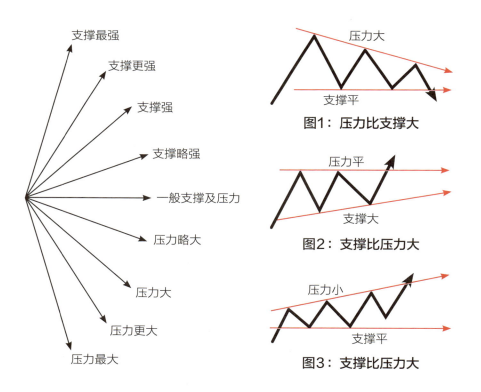

图1：压力比支撑大

图2：支撑比压力大

图3：支撑比压力大

从下面3张图可以看出，同样是盘整，图6最强，图4次强，图5较弱。综合以上分析，应选择图6股票做多。

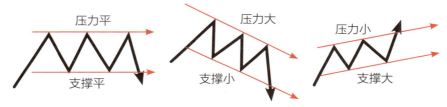

图4：压力支撑相同　　图5：压力比支撑大　　图6：支撑比压力大

4. 根据上升走势的回档幅度挑出飙股

在上升走势中，回档幅度愈小，上升趋势愈强；回跌幅度愈大，上升趋势愈弱。

从下图可以看出，同样是多头的股票，图1走势最强，因为回档最少，再往上时，上面套牢压力最小，所以容易继续创新高往上；图2次强，回档约一半，再往上时，上面套牢压力比图1要重，需要较大的成交量去化解压力；图3则较弱，因为回档最多，再往上时，上面重重压力，要越过前波高点比较困难，容易进行盘整，需要用时间化解压力。综合以上分析，应选择图1股票做多。

图1：回档约1/3　　图2：回档约1/2　　图3：回档约2/3

5. 根据下降走势的反弹幅度选放空股票

在下降走势中，反弹幅度愈小，下跌趋势愈强，反弹幅度愈大，下跌趋势愈弱。

从下图可以看出，同样空头的股票，图1跌势最强，反弹最少，表示上面压力重，反弹力道弱，因此再往下时容易继续创新低、继续下跌；图2次强，反弹约一半，反弹力道略强，再往下时，上面套牢压力比图1要轻，容易受到下面反弹支撑，让跌势趋缓；图3较弱，反弹最多，反弹力道最强，再往下时，上面压力轻，再下跌容易止跌，不再破底的机会较大，容易进行打底盘整。综合以上分析，应选择图1股票做空。

图1：反弹约1/3   图2：反弹约1/2   图3：反弹约2/3

当市场大跌，手中股票只有两种选择，一是立刻卖掉，一是套牢长抱，后者往往是输家；如果往下摊平，急求解套，就会成为大输家。

6. 上升趋势出现扇形修正，代表由多转空

当股价跌破原本的上升切线后，虽然改变上升轨道，但仍维持上升趋势不变；第2次再跌破新的上升切线，上升的角度变缓，表示上升力道减弱；第3次又跌破上升切线后，即形成扇形修正，代表主要趋势已反转，行情由多转空。

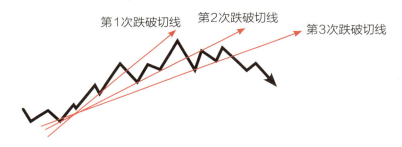

7. 下降趋势出现扇形修正，代表由空转多

当股价突破原本的下降切线后，虽然改变轨道，仍然维持下降趋势不变；第2次再突破新的下降切线，下降的角度变缓，表示下跌的力道减弱；第3次突破下降切线后，即形成扇形修正，代表主要趋势已反转，行情由空转多。

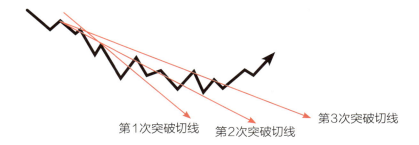

▍判断K线及切线 找出最有利的买卖点

总结本篇结论：当K线向上突破下降切线，要站在多方；跌破上升切线，除非之后有大量再强拉站上切线上方，否则要保守应对。

如果是长线的操作要用月线切线，中线操作用周线切线，短线操作用日线切线，极短线用小时线、分时线的切线观察。

K线及切线（趋势线）的共同点是，两者都可以判断多空双方力量的变化，都可以作为买卖进出的依据。但是K线偏重于当日，偏重于短线；而切线（趋势线）偏重趋势方向，适合作为波段操作的依据。

以下提供综合判断K线及切线（趋势线）的相互应用方法，以找出最有利的买卖点。

K线及切线的5个买卖点战略

1. 以切线为主，K线为辅。

2. 当切线出现买点，K线出现买点，是最佳买点。

3. 当切线出现买点，K线出现卖点，仍宜站在买方。

4. 当切线出现卖点，K线出现买点，宜站在卖方。

5. 当切线出现卖点，K线出现卖点，是最佳卖点。

综合判断K线及切线的买进位置

1. 盘整末端，拉出长红K线，由下往上突破下降切线时。

2. 上涨回档接近上升切线有撑，K线翻红上涨时。

3. 股价回档，跌破上升切线，但是短期内又回到切线上方时。

4. 空头股价下跌，离下降切线过远，因乖离过大而反弹时。

综合判断K线及切线的卖出位置

1. 股价涨高，拉出长黑K线，跌破上升切线时。

2. 空头反弹到下降切线，又出现黑K线向下时。

3. 空头反弹突破下降切线，但很快又跌破下降切线时。

4. 多头股价上涨，离上升切线过远，因乖离过大而回档时。

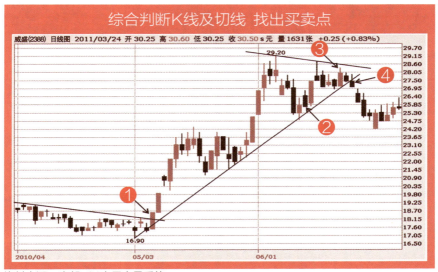

资料来源：富邦e01电子交易系统

▲上图说明：

❶ 切线出现买点，K线出现买点，是最佳买点。

❷ 切线出现买点，K线出现卖点，仍宜站在买方。

❸ 切线出现卖点，K线出现买点，宜站在卖方。

❹ 切线出现卖点，K线出现卖点，是最佳卖点。

第 **4** 篇

价量关系
为你道尽筹码供需

一般散户对成交量与价格的涨跌关系最难了解，本篇分别介绍价量关系的9种组合，让你经由价量的变化，清楚看出筹码的变化，对股价走势的强弱了如指掌，从而能洞悉主力进货和出货的动作。

第1章

轻松搞懂成交量
洞悉主力进出动态

　　成交量是推动股价涨跌的重要关键，透过成交量可以洞悉市场主力的进出情况。

▎成交量代表市场参与的资金动能

　　价量关系由市场供需来决定，买卖双方何者有急迫需求，将推动股价向一方发展。股价上涨，表示今天买进的人认为明天还会上涨，愿意用更多的钱去买同一张股票。

　　假设只有一张股票在市面上买卖，股价要一直上涨，后面想接手的人就要花更多的资金，当最后没有人接手的时候，那就表示股价过高，后面没有人愿意再出更高价购买，持有股票的人只有降价求售一途，这时股价就会开始下跌。

　　市场中股价的波动，到底是因为成交量放大，造成股价上涨，还是因为价格开始上涨，大家追买而造成成交量放大？这个问题像"鸡生蛋，蛋生鸡"一样，各说各话。不过，这根本不是重点，我们探讨价量关系，重点在探究造成股价上涨或是下跌的成交量是出于何人之手。

上升走势的4阶段价量变化

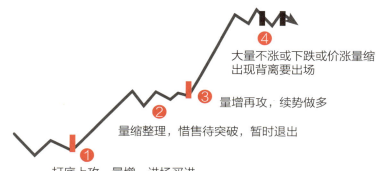

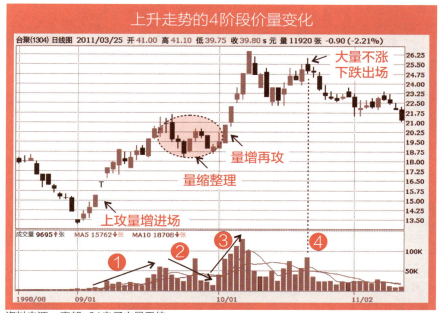

资料来源：富邦e01电子交易系统

▌下跌走势的4阶段价量变化

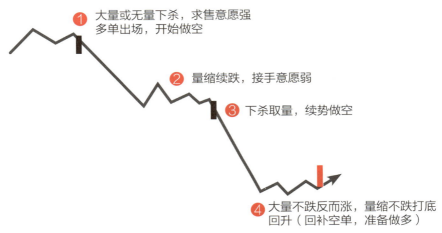

① 大量或无量下杀，求售意愿强
多单出场，开始做空

② 量缩续跌，接手意愿弱

③ 下杀取量，续势做空

④ 大量不跌反而涨，量缩不跌打底
回升（回补空单，准备做多）

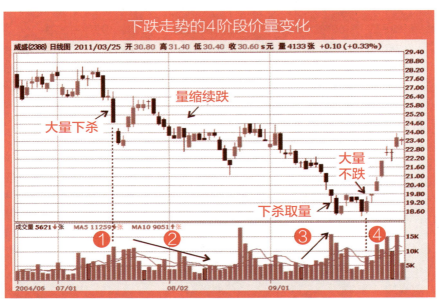

下跌走势的4阶段价量变化

资料来源：富邦e01电子交易系统

▌决定价格的因素

在股市中，价格的决定在于市场交易者对未来的看法。市场交易者有人想要卖的时候，刚好有人想要买，于是市场出现供给方与需求方，当双方达到相同的期望价格，就形成了成交的价格。

买卖双方的拉锯，造成价格的波动。当供给大于需求，价格下跌；当需求大于供给，价格上涨。

▌决定成交量的因素

在价量关系中，最常听到的是价涨量增、价跌量缩、价量背离这3个名词。市场的正常供需关系为价涨量增、价跌量缩，如果出现价涨量缩或价跌量增，一般称为"价量背离"。

1. 价涨量增

当股价要往上涨，买方所遭遇的就是持有股票者的获利卖压及解套卖压，要消化这些卖出的股票，自然需要大的成交量。

当股价接近颈线、压力线、前面高点，要能有效突破向上，必须带量一口气冲过，否则无量的突破，容易形成假突破。

当股价上涨一段之后，爆量不涨，代表上面有人利用大量时出货。此时，手中持股者要减码或密切观察走势，随时要出脱股票。

2. 价跌量缩

当股价开始往下跌，买方预期价格还会往下，因此愿意承接的人不多，造成成交量萎缩。

在下跌的过程中，股价接近8大支撑处或均线支撑，要能有效

跌破，必须带量（因为要跌破多头防线），无量的跌破容易形成假跌破。

市场刚开始下跌，通常会量缩，一旦出量加速下跌，卖压得以纾解，如果在出量后量缩，价格跌势平缓止稳，则是止跌的迹象。

在下跌的过程中，如果成交量无法萎缩，表示筹码仍然不安定，即使反弹，仍然会下跌，不要随便去买股票，极易套牢。

3. 价量背离

虽然出现背离现象，也未必会立刻改变正在进行的股价走势，但股价处于不同阶段的反应会不同，本篇第2章的"9种价量关系"对此有详细的说明。

价量背离比较适用于大盘指数或是成交量大的大型股，成交量小的股票，筹码容易受到人为控制，价量关系不容易判断。

当量持续增加，价却不能随之往上创新高，即代表高档有人在供应筹码。买盘虽然持续进场（最有可能是散户追价），但是股价无法突破高点，持股要小心。

当股价一直创新高，量却无法创高，代表当卖压随着股价上涨渐增的同时，买盘力量减弱，导致成交量放不出来，持股要小心。

价量口诀：多头走势→量增则攻，量缩则回。

空头走势→有量则跌，量缩则弹。

当价持续往下，量不减反增，通常后面还有低点。当量持续萎缩，而价止稳不再下跌，表示卖压渐小，当买盘认同进场，就会产生量增价扬的状况。

价量背离的3种基本形态

1. 价涨量缩

价涨量缩是指在股价不断创新高时，成交量却越来越少。一般而言，最大成交量和最高股价，并不常同时出现，通常是量领先于价，也就是量先价行。因此，大量之后还会有高价，只是如果往后量渐缩，形成价量背离，后面的价就走不远，随时要注意出场讯号，止盈出场。

如果是飙升中的个股有此种情形，大约3天后，股价随量下跌的概率大增。

2. 价跌量增

要特别小心价跌量增！这表示行情仍处于恐慌性下跌，在出现量缩之前，股价还会动荡不安。

只有等待价稳量缩，卖压消化完毕后，经过打底，才有止跌反转的可能。

窒息量：出现月均量的二分之一，甚至三分之一的超小量。

出大量：大于过去6日平均量2—3倍的量。

3. 价平量增

价平量增是最为常见的情况，须注意股价所处的位置。当股价上升后，成交量还在增加，但是股价却突然毫无动静，这种情况如持续2—3天，小心股价即将回档。

当股价下跌趋缓，价平情况如持续2—3天，而成交量增加，此时如果价往上突破，即将反弹；如果往下跌破，将继续保持下跌的趋势。

当股价下跌到价不再跌，成交量出现窒息量，经过盘整打底、形态整理突破、突破下降切线、周线出现长下影线、小十字线，这时如果出现大量股价往上涨，正是告诉你财神到来，把握机会进场。

▌观察成交量的3个重点

1. 先看价再看量

先看价的变化，例如，在涨势中，价理应继续走高，当价出现停滞或下跌时，观察此时量的反应如何，以进一步推测价的可能变化。

2. 爆巨量的位置不同，好坏不同

爆巨量股价向上突破均线 ➡ 好

爆巨量股价向下 ➡ 坏

底部爆巨量 ➡ 好

途中爆巨量往上 ➡ 好

头部爆巨量 ➡ 坏

3. 爆巨量之后的观察重点

爆巨量之后的2、3天，股价突然反转的概率不高，但是如果在往后的5—8天之内，没有出现更大的量，那才可怕，要特别提高警觉！

第**2**章

厘清9种价量关系
散户也能胜券在握

成交量可分为量增、量平、量缩；成交价可分为价涨、价平、价跌；价量互动，可产生9种变化，在上涨、下跌、盘整过程中，分别具有不同的意义。

▍价涨量增

在低档或上涨初期，出现价涨量增的情况，表示涨势可期。

股价若持续往上，形成上升趋势，当上涨一段以后出现天量，观察次日若不涨反跌，可能是主力高档出货，逢高宜分批卖出。

在初跌段或主跌段中，出现价涨量增的情况，可能只是短期反弹，在波形或均线尚未呈现多头时，后市仍不明，要观望。

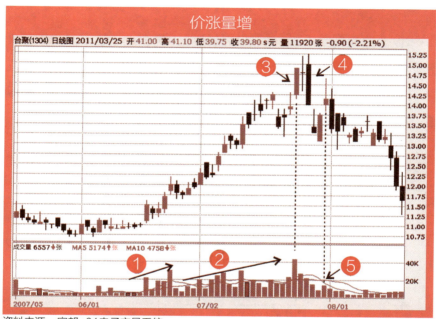

资料来源：富邦e01电子交易系统

▲上图说明：

1 上涨初期，价涨量增。

2 上升趋势，价涨量增。

3 高档爆出大量。

4 次2日不涨反跌。

5 下跌中，价涨量增，只是初跌段的反弹。

▎价涨量缩

在上涨初期，出现价涨量缩的情况，代表成交量不足，不易大涨。在主升段中价涨量缩，表示筹码锁定，惜售，易造成飙涨。在末升段中出现价涨量缩的价量背离情况，小心股价可能反转。在盘整期价涨量缩，盘整若被突破，涨势形成。

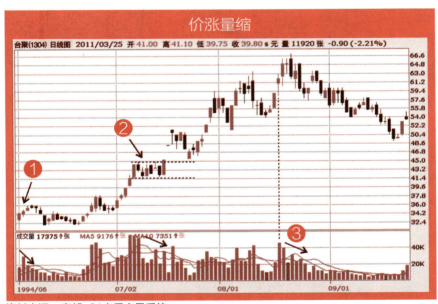

资料来源：富邦e01电子交易系统

▲上图说明：

❶ 上涨初期，价涨量缩，不易大涨。

❷ 盘整期，量缩，若突破盘整，涨势形成。

❸ 高档出现价涨量缩的价量背离情况，小心股价反转。

价涨量平

在低档或盘整期，出现价涨量平的情况，表示主力大户尚未进场，一时不易上攻，宜再做观察。

上涨一段后，在高档出现价涨量平，则容易做头，要注意反转讯号出现，立刻出场或放空。

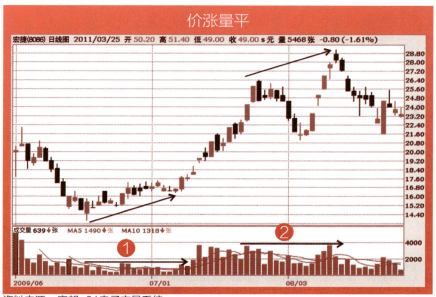

资料来源：富邦e01电子交易系统

▲上图说明：

❶ 低档，价涨量平，不易大涨。

❷ 高档，价涨量平，容易做头。

▍价跌量增

在末跌段中，出现价跌量增的情况，表示出现买盘，接近落底，要注意止跌讯号，准备买进。在初升段中，价跌量增，代表主力大户或法人进货。在末升段中，出现价跌量增的价量背离情况，如加上巨量，可能是主力压低出货。在初跌段或主跌段中，下跌有量，表示将继续空头走势。

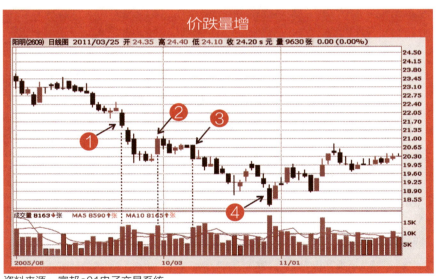

资料来源：富邦e01电子交易系统

▲上图说明：

❶ 价跌量增，继续下跌。

❷ 反弹爆大量，主力出货（观察次日不涨得知）。

❸ 价跌量增，继续下跌。

❹ 末跌段，价跌量增，接近落底（观察次日上涨得知）。

价跌量缩

在初跌段，出现价跌量缩的情况，表示跌势形成，不可随意做多或任意猜底。在主跌段，价跌量缩，表示股价将继续探底。在末跌段，量急缩形成凹洞形态，股价将落底或形成反转。在盘整期，价跌量缩，要注意盘整末端是否向下跌破盘整区间，跌势形成。

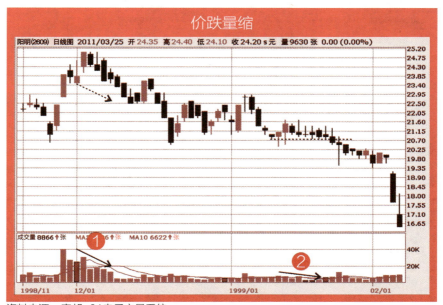

价跌量缩

资料来源：富邦e01电子交易系统

▲上图说明：

❶ 初跌段，价跌量缩，不可随意做多或任意猜底。

❷ 盘整期，价跌量缩，末端向下跌破盘整区间，跌势继续。

▌价跌量平

在初升段，出现价跌量平的情况，后市不明，宜观望。在初跌段，价跌量平，代表跌势可能形成。在主跌段，价跌量平，代表散户追卖，跌势持续。

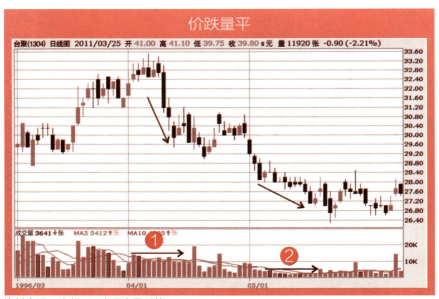

资料来源：富邦e01电子交易系统

▲上图说明：

❶ 初跌段，价跌量平，不可随意做多或任意猜底。

❷ 主跌段，价跌量平，跌势继续。

价平量增

在初升段或主升段，出现价平量增的情况，表示有人逢低承接，但不急于表态。在末升段，价平量增，代表量大不涨，容易形成头部，宜卖出。在初跌段或主跌段中，价平量增，容易短期反弹。在盘整时期，价平量增，宜注意盘整末端方向表态再动作。

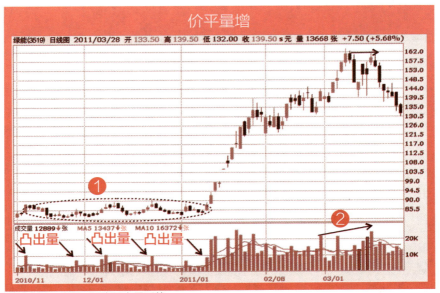

资料来源：富邦e01电子交易系统

▲上图说明：

① 初升段，价平量增，偶有凸出量，代表底部主力吸货。

② 高档末升段，价平量增，容易形成头部。

价平量缩

在末升段中，价平量缩，代表量能萎缩，后续动能不足，容易形成头部，要密切观察最后价格的变化。在末跌段中，价平量缩，代表卖压减轻，价不再下跌，容易形成底部反转。在行情行进中间的续势盘整期，常见价平量缩的现象。

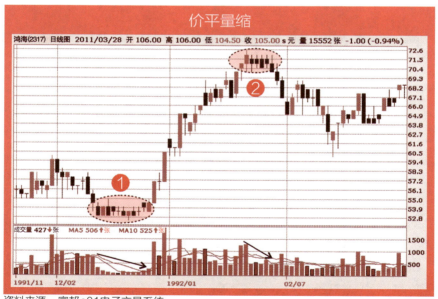

资料来源：富邦e01电子交易系统

▲上图说明：

❶ 末跌段，价平量缩，底部形成，日后放量即刻反转。

❷ 高档末升段，价平量缩，动力不足，容易形成头部。

▍价平量平

行情起伏不大，量又没有太大变化，此时多空不明，如无外力介入，有时会延续数月到数年之久，宜退出观望，不必耗费时间及资金。

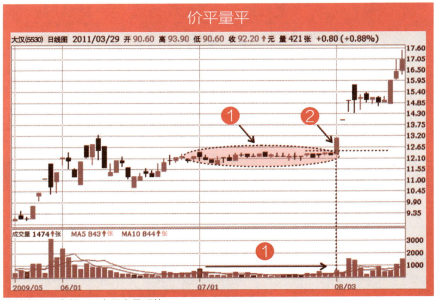

资料来源：富邦e01电子交易系统

▲上图说明：

❶ 价平量平，1个多月的盘整格局。

❷ 出量突破盘整时再买进，资金有效运用，容易在短时间内立即获利。

不同阶段成交量的变化及策略				
多头走势	涨升阶段	初升段	主升段	末升段	盘整区
	成交量观察	主力分批吃货，量平走势中不时出现一些凸出大量	价涨，量持续增加，量滚量放大	均量略小于主升段，出现一些不规则的量	大量为短期高点，窒息量为短期低点，大量突破盘整，为波段起点
	K线状况及进出	带有跳空缺口，红K和黑K交错，盘整的位置即为布局点	连续红K线，出现黑K下跌后，再出现爆量长红K上涨，为买点	出现竭尽缺口，见爆量不涨就要卖出	红K和黑K交错，以盘整区间操作
	回档处置	逢窒息量介入	回档到支撑区，上涨时再介入	跌破前一日最低点即退场	高出低进
空头走势	下跌阶段	初跌段	主跌段	末跌段	盘整区
	成交量观察	量能退潮，均量渐减	维持量平下跌，会偶尔大量下杀	带量恐慌性下杀	出大量为盘整区短期高点，窒息量为短期低点，跌破盘整区为另一波段跌势开始
	K线状况及进出	带有向下跳空缺口，K线为连续黑K	连续黑K线，出现红K反弹后，再出现爆量下跌，为卖点	带有缺口，K线为连续黑K，出现底部形态，才可进场做多	红K和黑K交错，以盘整区间操作
	反弹处置	逢大量出场	跌破前一日最低价就要出	见底部，做多	高空低补

第**3**章
掌握价量关系制胜心法
稳定操盘情绪

由于价量关系密切，成交量必须与走势图一起分析，切记，千万不可单凭成交量决定进出。

同时，观察价量关系的变化，取决于4个基本因素，即成交量、股价涨跌、股价所处的位置，以及当时的趋势是多头、空头还是盘整。

▎必学的9个价量关系制胜心法

价量关系绝非百分之百，一般中大型股比较依价量变化原则走，小型股成交量小，容易受人为控制影响，准确度不高。

想要运用价量关系得当，请注意以下9个制胜心法：

1. 勿在下跌量大时猜底买股票

如果下跌量大，代表恐惧心更大，情况会更坏，不要误以为买盘强大就可以随便接股票，容易套牢。

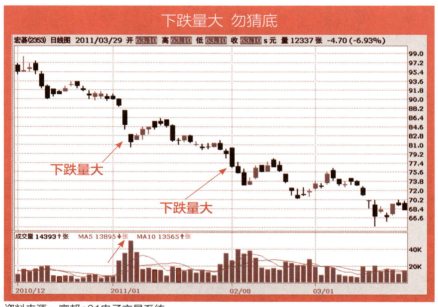

资料来源：富邦e01电子交易系统

2. 先看趋势再看量

看图要先确认趋势方向，再参考成交量。

3. 高档爆大量要小心

在高档区或周线压力区量大非好事，要特别小心，如果价不涨或下跌更要立刻处理，戒之在贪。

4. 初升段爆天量宜防后继无力

初升段时需要价涨量增，但也不能爆出天量，否则会后继无力，如果后面没有更大的量推升，容易回档。

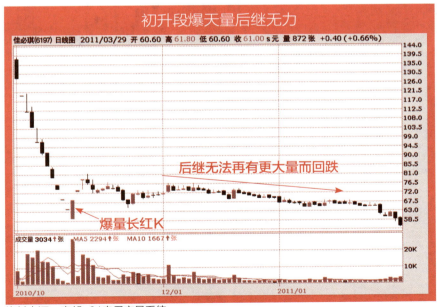

资料来源：富邦e01电子交易系统

5. 盘整无量请谨慎

盘整无量宜观望，少做多看，等待末端走势表态后再动作。

6. 价量背离须经一段时间确认

价量背离不只要看当日的价量，每个阶段的走势，都要比较价量的变化。

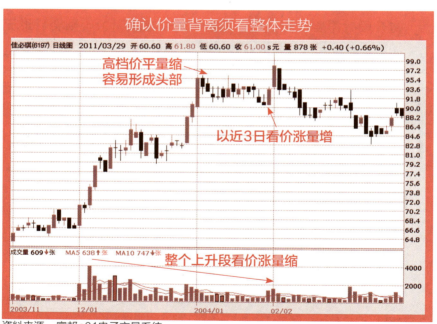

资料来源：富邦e01电子交易系统

7. 大量往往是支撑或压力所在

大量K线会造成支撑或压力，大量红K线表示当天交易量甚大，而且K线的二分之一价位［（最高价+最低价）÷2］是当天交易人的平均成本。往后如股价上涨，在此处会形成支撑。如果股价跌破此处，代表当天有大量的交易人都赔钱套牢，形成解套的压力。

大量黑K线的二分之一价位，同样是当天交易人的平均成本，等于当天买的人都处于赔钱状态。因此，日后当股价反弹到此黑K线的二分之一价位之处，就会有解套的卖压。

8. 出货或换手要看股价续扬与否

一般来说，股票开始涨时要量增，后续才有支撑力道。当飙涨时，由于主力锁住筹码及一般投资人的惜售，会造成量缩价涨的现象；再往上涨一段后，如出现大量时，则要小心主力在高档出货。至于要如何判别是主力出货还是大量换手，只要观察后续几天走势：股价往上走，该大量即为换手量；要是股价不涨或下跌，八九成是主力出货了。

即使你找到对的方向、赚钱的方法，还是要全力以赴，才能维持长久。

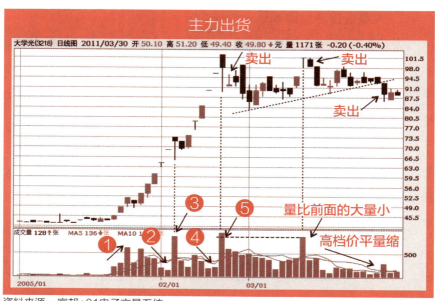

资料来源：富邦e01电子交易系统

▲上图说明：

① 底部放量，主力进货。

② 价涨量缩，主力锁筹码，散户惜售。

③ 大量换手继续上攻，因为次二日收盘价高过大量K线最高价。

④ 价涨量缩，主力锁筹码，散户惜售。

⑤ 高档出大量，主力出货，后面走势无法再过大量K线最高点。

9. 注意转折点的成交量

转折点的成交量特别重要，会影响后面走势的强弱。

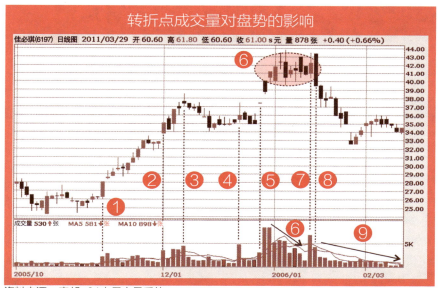

资料来源：富邦e01电子交易系统

▲上图说明：

1 底部放量上攻。

2 中段放量跳空续攻。

3 高档放量修正。

4 修正后上涨，遇头压大量拉回，留上影线。

5 放量跳空续攻。

6 高档价平量缩，小心做头。

7 爆大量遇头压拉回，留上影线，无法过前高，主力拉高出货（次日下跌黑K确认）。

8 高档长黑K破前9日最低点，下跌确认。

9 价跌量缩，空头走势。

第 5 篇

看图选股
精进赚钱功力

本篇介绍看图的十字口诀，依照顺序分析图形，就不会产生疏漏，同时可以训练自己看图的功力。大家都听过股市操作一定要设止损，本篇用线图说明不同的操作方法中该如何设定止损和止盈，这在坊间一般股票分析书中甚少着墨。

本篇还根据作者数十年的实战经验，配合图例，详细说明走势图中重要的进出场讯号，让读者更易了解。讯号图形以周线为主，读者可以掌握到大波段的趋势方向，获取最大的波段利润，当然这些讯号也可以用在日线，抓住短线进出场的赚钱机会。

第1章
熟悉看图十字诀
综合运用选好股

投资股票不会看走势图，就如同瞎子摸象，一知半解。对于股票会涨会跌，如果全凭猜测，当然不可能做出好成绩。虽然说技术分析不是万能，但是不懂技术分析却是万万不能，因为一只股票的走势图，就是这只股票的语言，从走势图中，可以看出它未来发展的方向，以及是否能够获利。

我们看一只股票的走势图，要从哪里着手？前文我们已经介绍了波形波向、K线、移动平均线、价量关系这技术分析的四大金刚。图形会说话，想要听懂图形语言，完整分析研判后市，你要懂得综合运用这四大金刚的精髓。

▎看图的十字口诀

记住以下十字口诀，按照口诀的顺序去检查研判，任何走势图都难逃你的法眼，图中隐藏的秘密，必将逐一现形。

> **十字口诀：** 波、形、位、均、量、强、切、撑、压、背

█ 波 ▶ 波浪形态 → 确认股票走势

面对股票走势图，第一步要看波浪形态。看清楚当下是上涨、下跌，还是横向盘整，只有在确定股票走势方向之后，才能考虑要买还是卖，或保持空手。切记！波浪形态让我们做对方向。

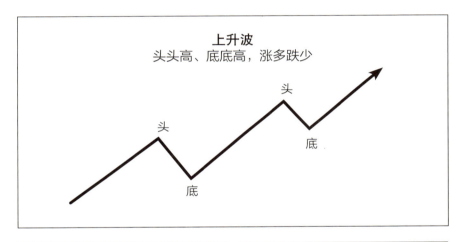

上升波
头头高、底底高，涨多跌少

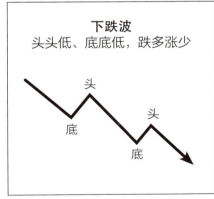

下跌波
头头低、底底低，跌多涨少

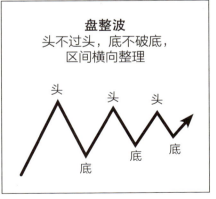

盘整波
头不过头，底不破底，
区间横向整理

▌ 形 ▶ 形态 → 看未来赚钱机会

第二步，看形态，形态是指股价在盘整时期所形成的图形，例如走出W形、M形、收敛三角形、矩形等，又可分为：（1）反转形态：底部形态及头部形态；（2）续势形态：循原来方向上涨或下跌。在这些盘整形态结束之后，可以看出未来的发展方向，以及可能到达的目标价。这些虽然是以往发生的统计归纳数值，但是仍有一定的准确度。

当下走势图如果正处于盘整，除了看是什么形态之外，还要研判是在底部或是头部的反转，还是行进中的盘整，盘整完成后是否继续原来的方向前进或是反转。

股价循环图

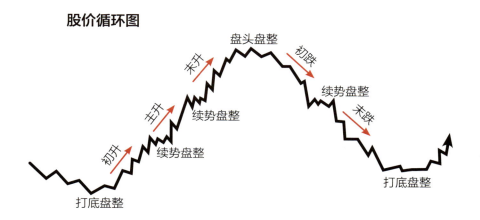

各阶段的形态名称

以下是经常出现的一些形态，我分类整理在本书的附录，读者可以随时翻阅，对照自己正在分析的线图，看久了自然能够熟悉。

打底：	盘头：	续势盘整：
● 头肩底	● 头肩顶	● 箱形
● 复式头肩底	● 复式头肩顶	● 旗形
● 双重底（W底）	● 双重顶（M头）	● 三角形
● 三重底	● 三重顶	● 喇叭形
● 前跌菱形	● 前涨菱形	● 上倾喇叭楔形
● 圆弧底	● 圆弧顶	● 下倾喇叭楔形
● 下降楔形	● 上升楔形	● 上升直角三角形
● 一字形底（浅碟形）	● 倒V形顶	
● V形底		

▌ 位 ▶ 位置 → 关系到进场风险、获利空间

第三步，看当下股价所处的位置，是位于刚刚起涨的底部区（山谷），还是上涨中的腰部区（山腰），抑或是已经涨了一大段的高档区（山顶），这关系到你进场的风险，更关系到你可能的获利空间。

均 ▶ 均线 → 研判多空及掌握盘整时间

第四步，看均线的走势及排列的状况，是上扬还是下弯？是多头还是空头排列？是均线交叉还是纠结？同时，用均线可以看出支撑及压力的位置，股价与均线上下位置的情形，能够研判目前是多头还是空头。

均线的变化能够透露很多讯息，看清均线能让你对股价的涨跌一清二楚，更重要的是，由多条均线的分分合合，可以掌握盘整的时间因素。

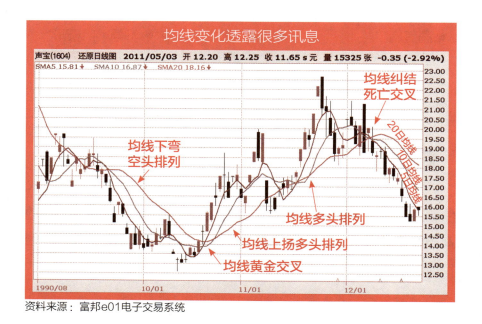

均线变化透露很多讯息

资料来源：富邦e01电子交易系统

▌ 量 ▶ 成交量 → 确认头部、底部及方向变化

第五步，看当下成交量，成交量与股价关系密切，股市交易不外乎价与量。而且，价与量最先反映市场对多空的看法，正常情形应该价涨量增、价跌量缩，若在底部、行进中、头部发现价量产生不正常的变化，当然有特殊的意义。

1. 底部量

股价到底时，往往交易清淡，成交量极度萎缩，此时如出现放量，当然代表有人进场买进。如果价格止稳，成交量渐渐放大，应该就是底部了。

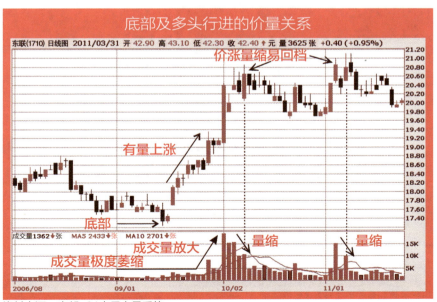

资料来源：富邦e01电子交易系统

2. 行进量

股价确认多头行进，价量的关系正常为上涨量增、下跌量缩，如果出现价涨量缩的现象，就要注意，是因飙涨惜售，还是因动能不足可能会回档？至于在下跌波确认，空头行进时，价量往往不按一定的规律，应等到量缩价稳后，再依当时的情形定夺。

3. 头部量

股价经过一段涨势后，出现量缩价平、量大价不涨、价量明显背离或量大价跌的现象，就要随时准备离场，空手更不能追高，否则极易套牢。

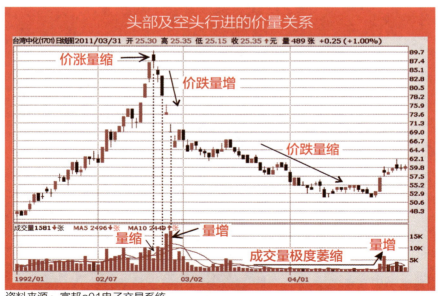

资料来源：富邦e01电子交易系统

▌强 ▶ 强度 → 看多空气势强弱

分析股票走势图的第六步，包括看：（1）强度（比大盘、比同类）；（2）速度（一定时间内涨跌幅度）；（3）斜率（上升或下跌的角度）。

1. 趋势线角度与支撑、压力的关系

上升趋势线上升的角度愈大，支撑的力量愈大；下降趋势线下降的角度愈大，压力的作用愈大。

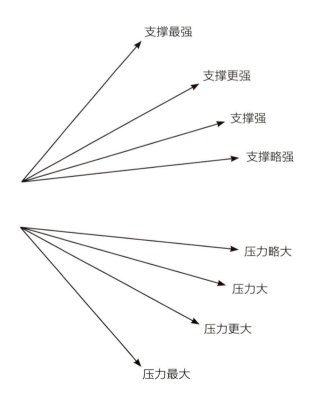

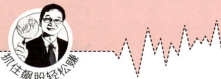

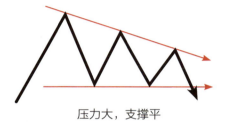

压力大，支撑平

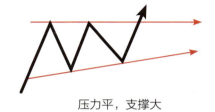

压力平，支撑大

压力小，支撑平

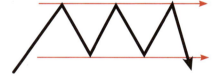

压力平，支撑平

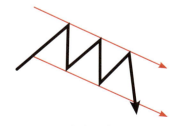

压力大，支撑小

压力小，支撑大

2. 回档幅度与趋势强弱的关系

上升趋势的回档幅度愈小，上升趋势愈强；回跌幅度愈大，上升趋势愈弱。

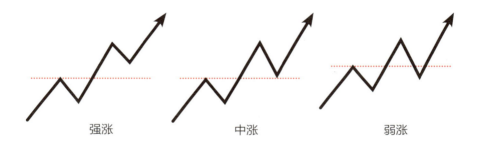

强涨   中涨   弱涨

3. 反弹幅度与趋势强弱的关系

下降趋势的反弹幅度愈小，下跌趋势愈强；反弹幅度愈大，下跌趋势愈弱。

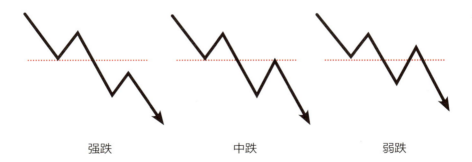

强跌   中跌   弱跌

切 ▶ 切线 → 最先反映股价趋势的改变

第七步则要看切线，也就是上升切线（上升趋势线）、下降切线（下跌趋势线）、破切线（跌破或突破切线）。

切线具有支撑或压力的作用，切线的方向即为趋势方向，因此切线又称趋势线。上涨时，股价最低两个转折点的连线，称为上升切线。下跌时，股价最高两个转折点的连线，称为下降切线。盘整时的上下切线，又称为上下颈线。

切线最先反映股价趋势的改变。当上升时股价跌破上升切线，下跌时股价突破下降切线，盘整时往上突破或往下跌破颈线，都是走势要改变的讯号。

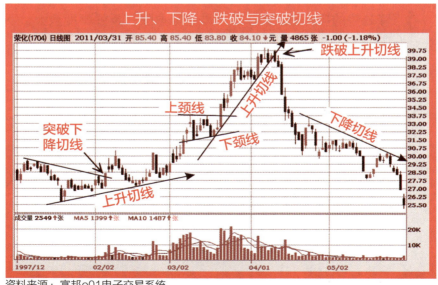

资料来源：富邦e01电子交易系统

撑 ▶ 支撑 → 可能继续盘整或止跌回升

第八步，在股价走势图中，当股价跌到底、头、上升切线边、密集区间、下颈线、下面均线上扬、向上跳空缺口、大量红K等这些支撑位置，可能会产生止跌的盘整现象或止跌回升的效应。当下跌波走强势空头时，往往见撑不是撑。

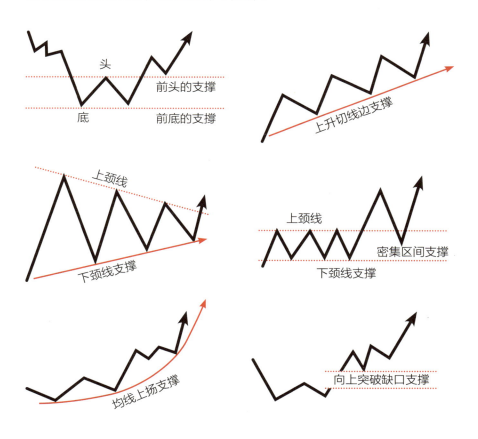

▌压 ▶ 压力 → 可能继续盘整或止涨回跌

第九步，在股票走势图中，当股价涨到底、头、下降切线边、密集区间、上颈线、上面均线下弯、向下跳空缺口、大量黑K等这些压力的位置，可能会产生止涨的盘整现象或止涨回跌的效应。当上升波走强势多头时，往往见压不是压。

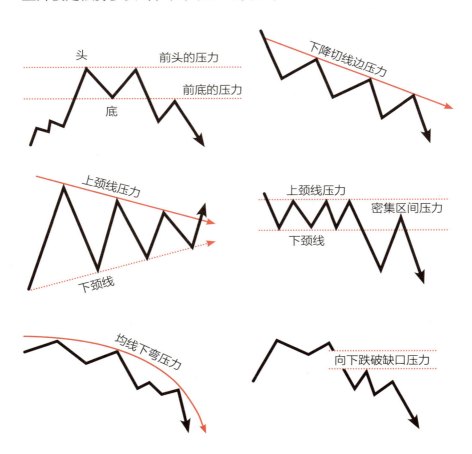

背▶背离 → 预告即将出现转折

第十步，当成交价的走势与量的增减背道而驰，或与指标
（KD[①]、RSI[②]）的走势方向不同，称为背离。背离并不表示方向会立
刻产生变化，但此讯号说明即将出现转折。因此不可等闲视之，尤
其是当股价来到低档或是高档的位置时。此外，底部盘整区指标的
背离重于价量的背离，头部区价量的背离重于指标的背离。

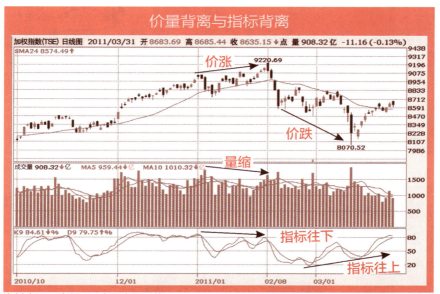

价量背离与指标背离

资料来源：富邦e01电子交易系统

① KD 指标又称为随机指标，由乔治·莱恩于 1957 年创立，借由比较收盘价格和
价格的波动范围，预测价格趋势何时逆转。——编者注

② RSI 指标又称为相对强弱指标，由威尔斯·威尔德于 1978 年发明，通过特定时
期内股价的变动情况计算市场买卖力量对比，来判断市场气势的强弱与未来变动
方向。——编者注

用看图十字诀综合分析

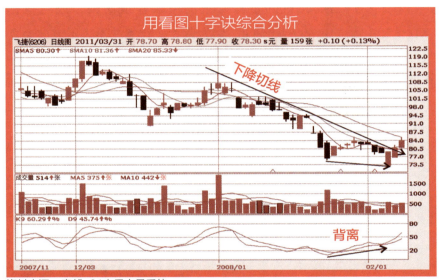

用看图十字诀综合分析

资料来源：富邦e01电子交易系统

▲上图说明：

1. 波：为下跌波。

2. 形：无明显形态。

3. 位：位于低档。

4. 均：5日均线、10日均线黄金交叉向上，20日均线向下。

5. 量：在低档放量上涨。

6. 强：突破前波高点强势反弹。

7. 切：突破下降切线。

8. 撑、压：接近前面头部高点即遇20日均线压力。

9. 背：KD指标在低档出现背离。

10. 策略：

（1）在84元处试单做多，K线最低点81元止损，前面头部高点106元止盈。

（2）站上月线3日不破，放量上攻再做加码。

　　以上的看图十字口诀，给初学技术分析的人提供练习看图的顺序，以免产生疏漏。熟能生巧，只要持续练习，对走势图的观察功力自然会大增。

第 **2** 章

谨遵止损、止盈纪律
持盈保泰赚不完

　　"婚姻是坟墓，但很多人仍在追逐；股市是地狱，但很多人仍在投入；是天堂还是地狱？就看你怎么做！"懂得止损、止盈，是操作股票的重要议题，也是避险及获利的关键。

▌想成为长期赢家　先学会赔钱

　　进行任何投资交易，设定止损非常重要。尤其股票交易，止损是控制风险的必要手段，如不止损，将会造成巨大的损失。因此，该如何设定止损点及执行止损，实为每个交易者的首要课题。

　　股市操作不可能百分之百准确，即使是股神巴菲特，在全球金融风暴中，他的波克夏公司一样亏损17亿美元。因此，散户投资股市的第一个基本功夫就是要了解：股票市场具有高风险，想要在市场中成为长期赢家，要先学会赔钱。

　　换句话说，投资股市要先学会控制风险。进场之后，如果发现不是你所预期的方向，就必须立刻"止损"来控制风险，认赔出场。

　　为什么要设"止损"？各位想一想，如果你用100元买进一张股票做多，不设止损价，因为种种原因下跌到20元（2008年520崩跌，很多股票都跌掉8成），那么，想要回本，必须要股价由20元涨5倍才行，请问，这容不容易？

如果你一开始进场就设好"止损"，例如10%，当下跌到90元时立刻出脱，你保有90元的现金，等待好的机会，选择好的股票（不一定是原来赔钱的那只股票），用90元赚回10元（约11%），是不是容易多了？

懂得止损自保 才能留得青山在

止损就是停止损失，让损失到此为止，从市场取回主动权。在你没有进场前，你是老大，钱在你手上，要不要买，主动权在你；一旦进场，市场才是老大，是涨是跌，市场决定，由不得你。

因此，当市场的走势方向不是你所预判的，唯一自保的方法只有止损，退出市场，拿回资金，"留得青山在，不怕没柴烧"。

一般散户投资人特别要注意，千万不能不止损，反而采取向下买进摊平，或者套牢就长抱的方法。因为，股市下跌的威力既快且猛，有时深不可测，还是不要冒险，遇到一次，可能万劫不复。切记！切记！

止损功能有：（1）控制风险，及早脱离不可预测的危险；（2）保留资金，保存反败为胜的本钱。

设定止损前要遵守6个原则

在谈如何设"止损"之前，你一定要遵守以下6点原则，否则即使设定止损，也毫无意义：

1. 止损要在拟定进场策略时就先设好，也就是当你预备买一只股票时，除了设定要买的价位，也要设好如果决定错误时认赔出场的价位，即"止损点"。

2. 设好的止损点不得更改，否则等于没有设止损。

3. 当天收盘价如果做多跌破（或者放空突破）止损价位，要立即出场，必须绝对遵守，要有壮士断腕的决心及执行力。

4. 为了减少止损次数，以顺势交易为主（多头时做多，不去做空；空头时做空，不去做多）。

5. 如果是在多头走势时放空股票，或者下跌走势时做多的逆势交易中，不对就必须立刻出场，不可拘泥在止损价位。

6. 任何的止损都不能超过成本价的10%。

运用策略止损 让你高枕无忧

止损的种类可分为策略止损及绝对止损。所谓的"策略止损"是指交易者根据自定的交易规则所定的止损，以下提供5种策略止损的做法：

1. K线战法的止损

做多时，以进场当天K线的最低点为止损点；做空时，以进场当天K线的最高点为止损点。

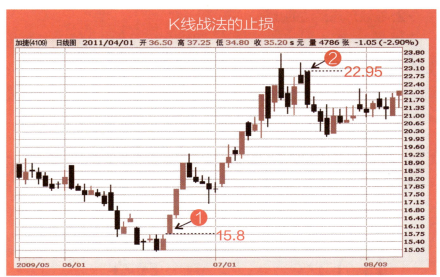

资料来源：富邦e01电子交易系统

▲ 上图说明：

① 当日收盘价比前一日收盘价高，在16.6元买进做多，止损点设在进场当天K线的最低点15.8元。

② 当日收盘价比前一日收盘价低，在21.5元做空，止损点设在进场当天K线的最高点22.95元。

③ 如果当日K线的上下幅度超过10%，可以把当日高低价价差的二分之一设为止损。

2. 波浪形态战法的止损

做多时，底部底底高、回跌后上涨再买，止损设在波浪转折的低点；在续势形态中，突破买上涨，止损设在突破点。做空时，头部头头低、反弹后下跌再放空，止损设在波浪转折的高点；在续势形态中，跌破空下跌，止损设在跌破点。

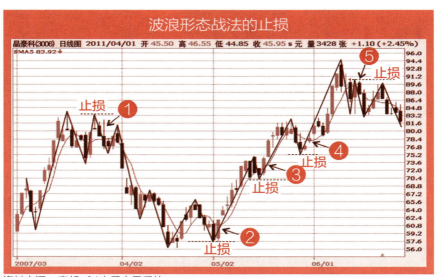

资料来源：富邦e01电子交易系统

▲上图说明：

❶ 在高档出现头头低，跌破5日均线，做空，止损设在转折波高点83.4元。

❷ 在底部出现底底高，做多，止损设在转折波低点57.5元。

❸ 回跌后上涨再买，止损设在转折波低点70.3元。

❹ 回跌后上涨再买，止损设在转折波低点75.3元。

❺ 在高档出现头头低，跌破5日均线，做空，止损设在转折波高点90.5元。

3. 均线操作法的止损

以进出依据的均线设止损，例如股价走多头，站上5日均线买进，止损就设在当日的5日均价。

4. 比例法的止损

以买进价的2%—10%为止损点，依据个人的风险容忍度决定，华尔街操盘高手绝对不容许超过10%的损失。

5. 撑压法的止损

（1）以盘整区的最低（最高）点为止损点。

（2）取重要压力区、支撑区、破切点等为止损点。

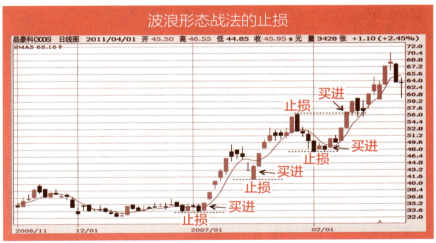

资料来源：富邦e01电子交易系统

▌判断错误 一定要进行"绝对止损"

另一种止损做法是绝对止损。所谓的"绝对止损"是指交易者明显判断错误，绝对要止损的位置点，否则极易在未来造成重大的损失。以下提供4种绝对止损的位置：

1. 在盘整区布局多单，股价跌破盘整区，绝对要止损。

2. 当高档形态反转确认，手中多单绝对要止损。

3. 当股价跌幅超过10%，要绝对止损，不可再拗单。

4. 下逆势单时，盘势出现反转，要立刻止损。

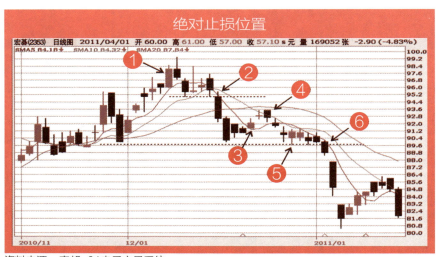

资料来源：富邦e01电子交易系统

▲上图说明：

① 买进　　　　　③ 逆势做多　　　　　⑤ 认为前底有支撑买进

② 为绝对止损点　④ 为绝对止损点　　　⑥ 为绝对止损点

弹性改变止损策略的3点原则

设立止损点一定要遵守的基本原则是，买进股票时，应先设定好止损价，当股价达到止损点时，应果断执行。不过，计划有时赶不上变化，因此，以下提供3个可以改变止损策略的原则，作为参考依据。

1. 若波浪形态改变，虽然尚未达到止损，可依当时整体状况提早出场。

2. 若进场获利达7%以上，离止损点渐远，此时应放弃原有的止损，改为设定止盈的位置点。

3. 逆势交易时，无所谓固定止损点，做多时当K线翻黑，或做空时当K线翻红，都要立刻止损。

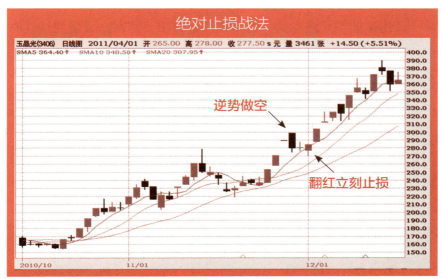

资料来源：富邦e01电子交易系统

学会止盈的8点原则 落袋为安

股市中常听说："会买只是徒弟，会卖才是师父。"股票卖掉换成钞票，才算真正获利入袋，否则仅是账面财富。止盈，除了获利入袋之外，其实也是在避开风险，正所谓"不该贪婪的时候，不可贪婪"，否则往往会把原先赚到的吐回去，弄不好还倒赔，白忙一场，得不偿失。以下提供止盈的8点原则供大家参考：

1. 止盈的设定及执行，与个人操作周期有密切关连，不同的操作方法，止盈位置大大不同。

2. 波段操作的人，根据波段纪律止盈，例如沿月线操作，自然在跌破月线时止盈。

3. 当冲操作的人，在自己设定的目标达到时止盈出场，每次获利2%—4%就出场。

4. 用长期均线定方向，短期均线定进出，则在跌破短期均线时止盈出场。

5. 做多，遇压力不涨时止盈；做空，遇支撑不跌时止盈。

6. 遇飙股急涨、乖离过大时，在K线出现出场讯号时立刻止盈，以保获利。

7. 除了做当冲之外，一般在获利超过7%时，都要做止盈的打算；当获利超过10%时，可以采取每次最高点出现，回跌2%—3%时止盈出场的策略。

8. 止盈跟止损一样，都要有果断的执行力。

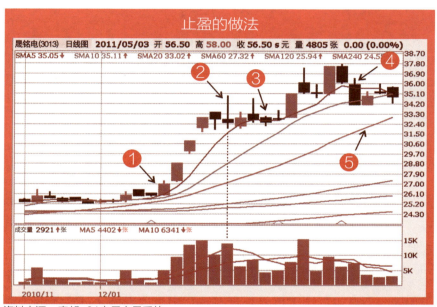

资料来源：富邦e01电子交易系统

▲上图说明：

1 买进。

2 获利达22%，K线出现出场讯号，止盈出场。

3 以5日均线操作，跌破5日均线，止盈出场。

4 以10日均线操作，跌破10日均线，止盈出场。

5 以月线波段操作者尚未出场。

第3章

看图掌握波段赚钱讯号 大赢小赔非梦事

　　股票操作有短线及长线波段操作。短线操作要能看盘，而且技术分析及心性修为都需要更高的境界，因为盘中变化快速，难以应付。因此，想要赚大赔小，仍以波段操作为最佳方式，波段操作的选股，应该以周线的波浪形态来分析，这样才能掌握大波段。

　　我根据多年的实战经验，将周线上最佳波段选股的关键多空进出位置，所产生的图上讯号整理在本章中，读者可通过这些讯号掌握波段赚钱的机会。但是在此先要特别交代，虽然用周线找机会，实际进出场操作则要在日线走势中，按照纪律切入或退出，同时设好止损。只要严守操作纪律，要在股市中赚钱，实非难事。

▌想以波段制胜 先遵守4项规范

　　1. 使用相关规则时，要先了解当下行情走势的方向（上升、下跌、盘整）及位置（底价区、中段整理、天价区）。

　　2. 依据任何讯号进场都须设妥止损，严守纪律，缩小损失，扩大利润。

　　3. 反市场心理思考，在市场极度悲观时进场，市场极度乐观时出场，大机会来临时，则要勇敢进场操作。

4. 多空讯号以中波段操作为主（周线），如同时有多项讯号出现，愈能增加正确性，成功概率愈高。

图解波段买进的13种讯号（周线图）

1. 下跌到低档位置止跌出现长红K棒。

资料来源：富邦e01电子交易系统

2. 在低档位置出现带量的长下影线K棒。

资料来源：富邦e01电子交易系统

3. 下跌到低档位置连续出现十字线或类十字线。

资料来源：富邦e01电子交易系统

4. 下跌到低档位置出现连续三条小红棒或底底高的小红黑棒。

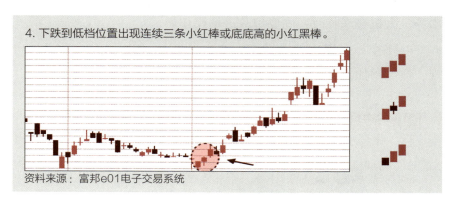

资料来源：富邦e01电子交易系统

5. 下跌到低档位置出现底底高的上升走势。

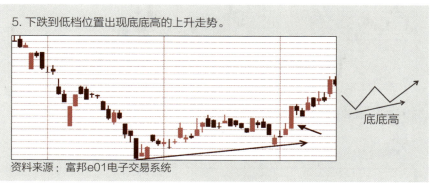

资料来源：富邦e01电子交易系统

6. 下跌到低档位置出现W形态的走势。

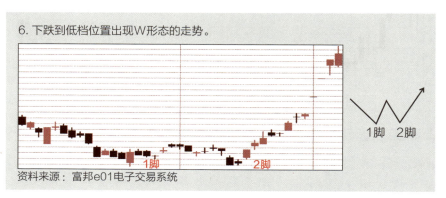

资料来源：富邦e01电子交易系统

7. 下跌到低档位置出现股价连续横向走势后，出现前述1—6的任何一个买进讯号。

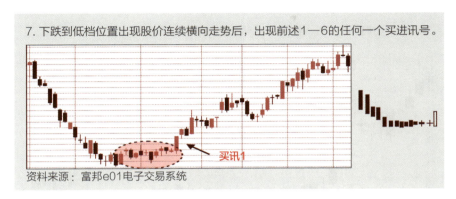

买讯1

资料来源：富邦e01电子交易系统

8. 股价暴跌之后，出现2、3次略同的最低价，加上一个买进讯号。

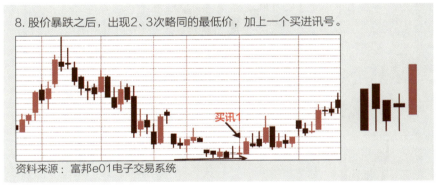

买讯1

资料来源：富邦e01电子交易系统

9. 股价突破下降趋势线后出现买进讯号。

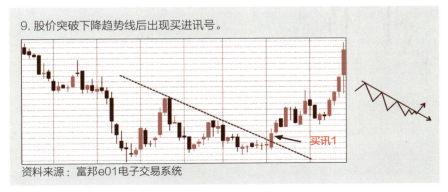

买讯1

资料来源：富邦e01电子交易系统

10. 股价从最高价下跌，连创8、9次新低价之后，出现买进讯号。

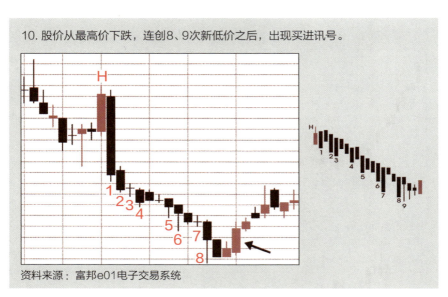

资料来源：富邦e01电子交易系统

11. 股价从最高点下跌，经ABC三波段下跌，然后出现买进讯号。

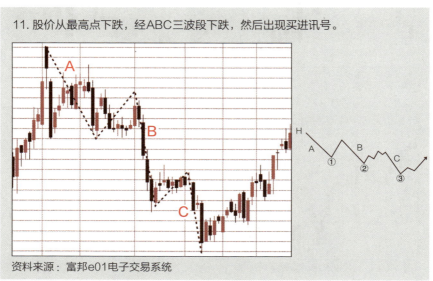

资料来源：富邦e01电子交易系统

12. 股价下跌到低档位置开始上升，经过一波上涨之后，进入盘整，形成整理形态，在形态的末端突破整理形态。

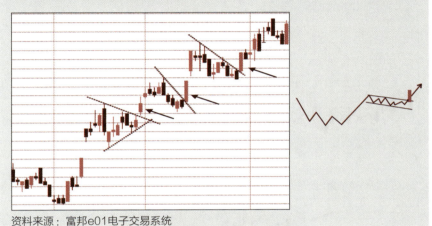

资料来源：富邦e01电子交易系统

13. 股价下跌到重要支撑区，上升过前波最高点后拉回，不再破前波最低点，出现买进讯号。

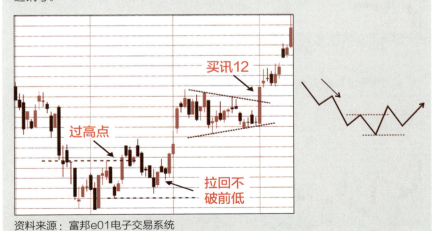

资料来源：富邦e01电子交易系统

█ 图解波段卖出的13种讯号（周线图）

1. 上涨到高档位置出现长黑K棒。

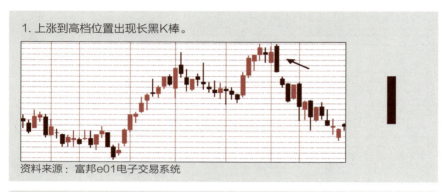

资料来源：富邦e01电子交易系统

2. 上涨到高档位置出现带量的长上影线K棒。

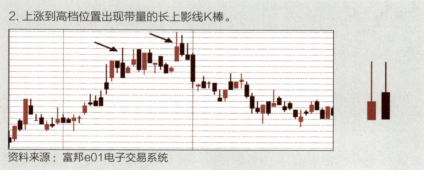

资料来源：富邦e01电子交易系统

3. 上涨到高档位置连续出现十字线或类十字线。

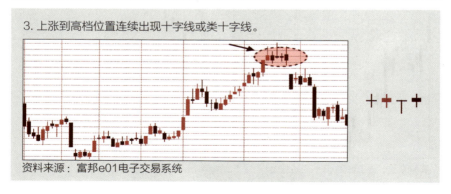

资料来源：富邦e01电子交易系统

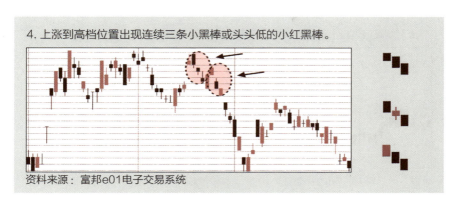

4. 上涨到高档位置出现连续三条小黑棒或头头低的小红黑棒。

资料来源：富邦e01电子交易系统

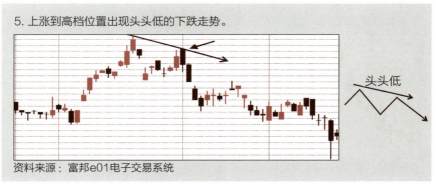

5. 上涨到高档位置出现头头低的下跌走势。

资料来源：富邦e01电子交易系统

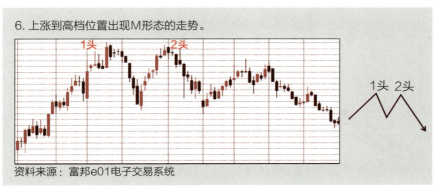

6. 上涨到高档位置出现M形态的走势。

资料来源：富邦e01电子交易系统

7. 上涨到高档位置出现股价连续横向走势后，出现上述1—6的任一卖出讯号 。

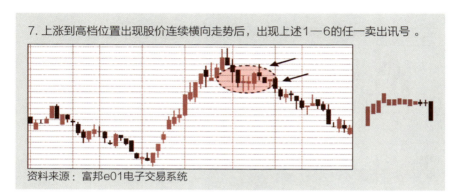

资料来源：富邦e01电子交易系统

8. 股价飙涨之后，出现2、3次平头最高价，加上一个卖出讯号。

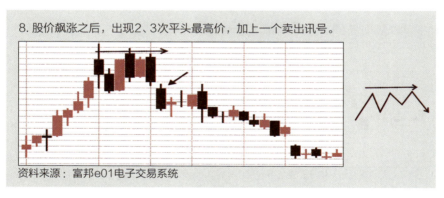

资料来源：富邦e01电子交易系统

9. 股价跌破上升趋势线后出现卖出讯号。

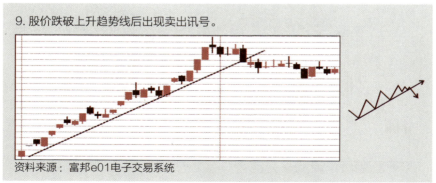

资料来源：富邦e01电子交易系统

10. 股价从最低价上涨，连创8、9次新高价之后，出现卖出讯号。

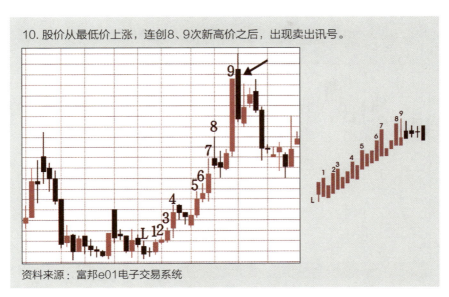

资料来源：富邦e01电子交易系统

11. 股价从最低点上涨，经过ABC三波段上涨后，出现卖出讯号。

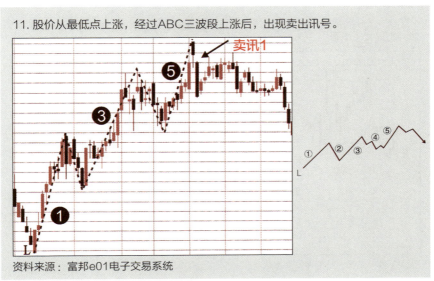

资料来源：富邦e01电子交易系统

12. 上涨到高档位置开始下跌，经过一波下跌之后，进入盘整，形成整理形态，在形态的末端跌破整理形态。

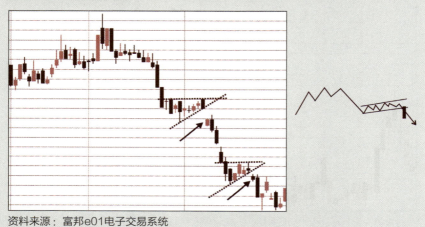

资料来源：富邦e01电子交易系统

13. 股价上升到重要压力区，开始下跌，跌破前波低点后反弹，反弹无法过前波高点，出现卖出讯号。

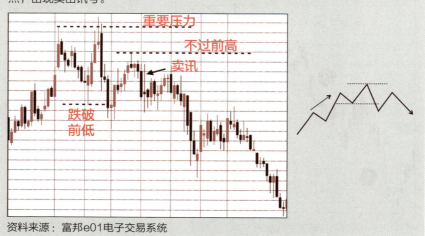

资料来源：富邦e01电子交易系统

用周线波段操作的买卖讯号图例

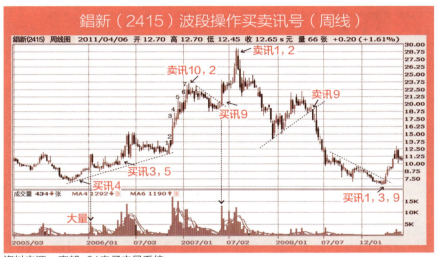

錩新（2415）波段操作买卖讯号（周线）

资料来源：富邦e01电子交易系统

威盛（2388）波段操作买卖讯号（周线）

资料来源：富邦e01电子交易系统

京元电（2449）波段操作买卖讯号（周线）

京元电(2449)周线图 2011/04/06 开16.20 高17.05 低16.20 收16.95 s元 量21612张 +0.85 (+5.28%)

卖讯2, 6
卖讯2, 3
卖讯3, 8, 12
卖讯12
卖讯12
卖讯12
买讯6

成交量184170↑张　MA4 96602↑张　MA6 83351↑张

300K
200K
100K

2005/07　2006/01　07/03　2007/01　07/02　2008/01　07/7　2009/01　07/6

37.40
35.70
34.00
32.30
30.60
28.90
27.20
25.50
23.80
22.10
20.40
18.70
17.00
15.30
13.60
11.90
10.20
8.50
6.80

资料来源：富邦e01电子交易系统

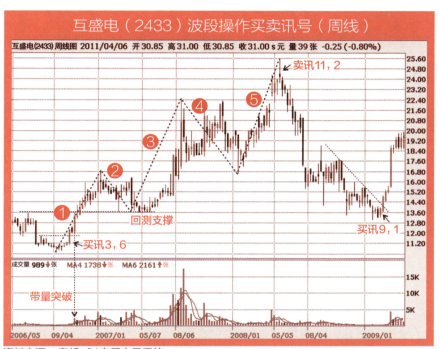

互盛电（2433）波段操作买卖讯号（周线）

资料来源：富邦e01电子交易系统

第6篇

投资心法：
战胜自己才能战胜股市

操盘最后能否学以致用，还是在于个人心性的修持。本章特别提供4大投资心经、5大操作心法，以及面对各种盘势应采取的策略，做出说明。

对付市场的变化，最好的方法就是"设定目标管理"的策略，有计划地去执行，不受人性贪婪及恐惧的影响。以正确的方式去制定操作方法，自然能克服情绪的影响，练就长期赢家的功力。

第 **1** 章

运用操盘5心法战胜自己 股海安稳行

股市如同人生道场，一切善恶本乎一心而已；看透股市百态，洞悉起承转折，万变不离其宗。

天地万物，皆由"阴""阳"而四象，四象而八卦，连续推演成就大千世界。股市则由"买"跟"卖"两方推演出无穷的变化。

普罗大众每日沉浮于股海之中，终日追逐消息面、基本面、技术面、政治面、筹码面，到头来，在股市中赚些微利仍不可得，甚有劳碌终日而赔上老本，究其缘由，一切皆因只往外求，忽略根本皆因"心"起，自己的心态、心法、心性，才是成败的根源。

▌谨记股市4大投资心经

正确的交易心态，决定正确的方向，否则学得愈多，牵绊愈多。投资心法，旨在帮助大家树立正确观念，建立操作信心，以平常心看待股市，一如春夏秋冬四季运行交替，当你能够"定心""定性"看到未来，"专心""一意"顾好当下，自然能在股海安稳行得百年船。以下提供股市4大投资心经作为参考：

1. 投资之道

走上股票投资这条道路，要向着正确的方向，找到正确的方法，做正确的事，才能到达彼岸。

2. 趋势为师

大盘的趋势方向，就是引领我们前进的明灯；大盘的变化，就是淬炼我们的导师。天大地大，趋势最大；谦卑恭谨，跟随趋势。

3. 顺势而为

借力使力，顺水推舟，事半而功倍。顺天应势，得道者富，如反手折花。

4. 坚守纪律

股市狡诈，千变万化，迷惑股海众生；人心善变，恐惧贪婪无法自持。惟有定法坚守，以不变之法，照股市众妖，定法依法，去杂乱之思，归万念于一，此定心矣！

操盘宜用5心法：学、用、敢、狠、续

要想成为专业股票操盘手，在心性上要经过"学、用、敢、狠、续"5个阶段的试炼，从学习开始，再通过股市实际的操作吸取经验，培养进出场的胆识，如此才可能成为长期赢家。

学 ▶ 学习技术分析，要学会、学通；学习正确观念，要学对、学透；学习操作方法，要适用、简单；学习谦卑平稳面对市场，要自信、自然。

用 ▶ 不要纸上谈兵，要学以致用，进入市场实际操作体验。

学用合体，检讨印证，修正精进，勇于面对市场，建立自己的操作模式，建立信心。

敢 ▶ 机会出现要敢于进场，不要顾虑太多。要知道，机会稍纵即逝，只有设好止损止盈，控制风险，严格遵守纪律，才能抓住获利机会，成为股市赢家。

狠 ▶ 执行止损止盈要狠。止损要有壮士断腕的决心，才能避免大赔；止盈一样要当机立断，才能获利入袋。

续 ▶ 持续复制赚钱的操作模式，长久稳健经营股市事业。

 留得青山在，不怕没柴烧。股市中现金为王，留得现金在，不怕没机会。

第**2**章

精通大赚小赔秘技 换个赢家脑袋

任何人进入股票市场操作，只会产生大赚、大赔、小赚、小赔4种结果。要在股市成为巨富，必须做到大赚小赔，避免小赚大赔。

一般投资人在股票市场操作，遇到行情开始下跌时，大多都没有在第一时间及时处理，因此造成大赔。即使平时的操作是小赚小赔，通常也都是赔多赚少，长期累积下来，就会形成大损失。

想要扭转这种劣势，成为股市赢家，投资人一定要改变操作观念，否则学再多的技术分析，也不容易赚到钱，更何况要赚大钱。

7种赚大赔小的操作心法及做法

股票市场走势分为涨势、跌势、盘整3个状况。首先要清楚地知道，目前操作的股票是处于哪种走势、相对位置的高低。在不同的走势中，采取不同的操作认知，配合应有的操作纪律，实务上多加练习，自然就能体悟赚大钱的道理了。

1. 面对涨势时的心法与做法

心法 不猜测高点

股票上涨形成趋势后，大多会有一段涨幅，要赚到大波段，在

心态上就先不要去猜测高点会到哪里，而是应由市场的发展去决定。超涨，我们就超赚；涨幅不如预期，就赚到不如预期的涨幅。

做法 **涨到多头波浪形态改变为止**

当多头走势确认，只要维持多头特性，就不要自己预判多头何时结束，而是在走势图上出现波浪形态改变的讯号后才认定。以下提供5个多头波浪形态改变的认定原则：

①上涨走势出现头头低，改变多头"头头高"的惯性。

②跌破上升趋势线，初步出现下跌趋势，可能产生变化。

③跌破前波最低点，方向改变。

④出现短期均线下弯的死亡交叉现象，即5日均线开始下弯，再跌破10日均线，代表短期多头方向要改变。

⑤短中长期均线出现空头排列。

2. 面对跌势时的心法与做法

心法 **不猜测低点**

股票下跌形成趋势之后，大多会有一段跌幅，要赚到大的放空波段，在心态上就先不要去猜测低点，而是由市场的发展去决定。超跌，我们就超赚；跌幅不如预期，就赚到不如预期的跌幅。

做法 **跌到空头波浪形态改变为止**

当空头走势确认，只要维持空头特性，就不要自己预判空头何时结束，要在走势图上出现波浪形态改变的讯号后才认定。以下提供5个空头波浪形态改变的认定原则：

①下跌走势出现底底高，改变空头底底低的惯性。

②突破下降趋势线，初步出现上升趋势，可能产生变化。

③突破前波高点，方向改变。

④出现短期均线上扬的黄金交叉现象，即5日均线开始上扬，再突破10日均线，代表短期空头方向要改变。

⑤短中长期均线出现多头排列。

3. 面对盘整时的心法与做法

心法 戒急用忍

盘整期间，股价忽上忽下。这个期间很难赚大钱，反而容易积小损成大损，积小伤成大伤。

做法

①退出市场观望，等多头或空头确认后的机会。

②换成涨势或跌势明确的股票操作。

4. 多头突然出现跌停

代表多头惯性初步破坏，先退出，经过整理后如再创新高，再大胆追回。

5. 下跌中出现反弹

等待拉回，如果没有再继续跌破前面的低点，初步出现止跌现象，可以买进，但要严守前一日最低点为止损点，再跌破最低点要立刻止损。

6. 大格局呈现同一方向排列

大格局月线、季线多头排列向上，股价在这两条均线之上，做多。大格局月线、季线空头排列向下，股价在这两条均线之下，

做空。

7. 长线短做 获取波段利润

一般投资人遇到波段行情，由于无法抱住持股，结果只小赚就卖掉，痛失后面一大段的波段利润。建议可以采取长线短做的方式，即以月线或季线作为长期的方向，只要均线方向往上不变，就一直做多，而操作则以短期5日或10日为进出依据，如此就能掌握到长波段的利润了。

大赚小赔除了以上心法及做法之外，在选股方向及介入时机上，一定要秉持以下3大重点：

1. 有主流：新产业，新技术，独占性，有转机，主流股。

2. 有方向：多头或空头趋势明朗。

3. 有发动：方向明确，开始发动后介入。

第**3**章

采用获利目标管理策略 避免人性的弱点

为什么要做股票获利目标管理？因为，能否在股票市场赚钱获利的关键是情绪的掌控。

任何人对股价的涨跌都会有情绪反应。为了克服心理障碍，避免感情用事，除了要制定方法（确定操作方法，严守纪律操作）之外，也要确定好目标，做好交易计划，才能够有计划且冷静地进行每一次交易，这也是投资人在股市中胜出要做的重要功课。

制定股票获利目标管理，具有以下5项优点：

1. 目标设定才能有目的地执行动作。

2. 目标设定能够避免人性的贪婪影响。

3. 要达到获利目标，选股一定都选上升走势个股，会避开下跌或盘整的股票，赔钱时会立刻出场，因此风险反而最小。

4. 掌握波段趋势方向，长线短做，短期累积获利，一样可以赚到波段利润。

5. 以事业经营角度做目标管理，可以长久。

▍5个步骤学会股票获利目标管理的方法

为了方便说明，我们以年度计划为周期，逐一说明股票获利目标管理的方法。投资人可以依据自己的条件，套用在季计划、月计划、周计划，甚至是当冲计划中。

步骤1：先设定执行目标

目标设定为一年获利1倍，换算一下则是每半年要达成50%的获利，每季要达成25%的获利，每月要达成8.3%的获利，平均每周要达成2.1%的获利。因此，我们将以每周5个交易日获利2.1%为执行目标，以下即为达到此获利目标的具体做法。

步骤2：制定执行策略

1. 选股条件：主流股、强势股、快速上涨、明日能续涨的股票标的。

2. 集中火力：手中持股以不超过3只股票为原则。

3. 操作方式：

（1）采取快进快出策略。

（2）采取飙股操作法。条件符合，机会出现立刻进场，出现亏损立刻出场，一旦到达获利目标或出现出场条件，按纪律止盈出场。

（3）以题材面、主流面加技术分析研判是否进场，但完全以技术面决定是否出场。

4. 每周5个交易日，不论出手次数的多寡，以达到每周获利2.1%为最低目标。

5. 以长期稳定经营为宗旨。

步骤3：掌握买股的黄金时段

1. 开盘半小时买当日强势上涨股票。

2. 尾盘半小时买次日会涨的股票。

步骤4：把握以下进场的黄金时机

1. 打底完成底底高后，回测不破低点的上涨。

2. 盘整完成的大量突破。

3. 均线纠结的放量上攻。

4. 强势股回档后的强势续攻的起涨点。

5. 创新高后回测有撑的再上涨。

6. 末升段的喷出行情。

步骤5：把握以下成功的关键

1. 选股能力要强。

2. 要有百分之百的执行力。

3. 短线比长线重要（获利效率）。

4. 强势比涨势重要（时间成本）。

5. 执行比选股重要（纪律执行）。

第4章

把投资当事业经营
一生财富赚到老

股市是可以永续经营的赚钱事业。经营股市，如同经营其他事业一样，需要付出努力，找到方法，坚持信念，才能成功。

因此，建议你，如果下定决心要学会股票赚钱的方法，那么就要找到正确的方向，学习正确的观念及操作方法，才能走向成功。

▎下定决心 2年半时间即可出师

只有处于赚钱的环境，结交赚钱的朋友，才能感受、熏陶、改变自己，成为赚钱的一族。因此，建议你，用3个月打基础、3个月练功，加上2年实战，即可完成一生的梦想。

为什么经营股市，就是经营世界上最棒的事业？因为这个事业具有以下6项特色：

1. 市场最大，每日成交千亿元的市场。

2. 资本最少，10万元起家不嫌少，50万元即可养家。

3. 无需店面，一台计算机走天下，一指神功打天下。

4. 个人经营，自己就是老板，无需面对客户。

5. 获利无限，爱赚多少自己决定。

6. 永续经营，市场大门永远开放，机会天天有。

分清楚你要投资还是投机

投资股市与投机股市，是完全不同的思维方式。一般人进入股市，认为自己是正当的投资，结果常受到股价上下波动影响而变成短线交易；也有些人要短线交易赚差价，结果惨遭套牢，变成长期投资。因此，在你投入金钱之前就要规划好，以确定要采取何种方式进入股市。

投资 ▶ 长期持有 获取稳定配股配息收入

想要投资股市，要对公司基本面进行深入研究。公司产业的稳定性重于爆发性，要知道每年的获利状况如何，该公司股价的合理价位在哪里。

即使是准备长期投资，也要在相对低档，采用价值型投资买进，否则如果买到历史高档价位，一旦股价跌到只剩三分之一，即使每年都配股配息，恐怕也弥补不了成本下跌的损失。

当在低档投资后，遇到大好行情，股价超涨时，也可以暂时卖出，赚取大额利润，等到回到合理价位再买回。

投机 ▶ 投资于最佳机会 获取最高报酬率

投机需要智慧及勇气，股市中的智慧要经过学习及市场的磨炼，不断地学习、修正、验证，累积失败与成功的经验，自然会产生信心和勇气。机会是给准备好的人，成功是给抓住机会并且坚持不放弃的人。

股票投机的真谛，就是让钱流向最会涨的股票。在股市中，越会涨的股票越能吸引大众的追逐，形成"强者恒强"的局面。投资是倾向买进好公司的股票；投机则是倾向买进即将上涨，或是还会再涨的好股票。

▎改变错误的股票操作习惯

散户操作赔钱，大多都有下列错误的操作习惯，如果不能改变这些习惯，纵使有再多的钱，就算学完技术分析，也不能改变赔钱的命运。一起来看看你拥有哪些正确的操作习惯，请继续保持下去！

错误的操作习惯

□不辨多空，市场乱冲。　　□追高杀低，赔钱第一。

□往下摊平，愈摊愈平。　　□套牢长抱，只等解套。

□东买西买，每个都要。　　□探听消息，不学操作。

□不做止损，终将大赔。　　□看盘操作，不知所措。

正确的操作习惯

□不猜高低，图形为凭。　　□自己研判，不受干扰。

□耐心等待，纪律守好。　　□设定止损，跌破就跑。

□不论长短，赚钱就好。　　□集中火力，专心顾牢。

□选到飙股，狠狠赚饱。　　□股市悟道，快乐到老。

无论投资还是投机，股市即道场，因此都需要修行：

1. 学中行：学习中去执行。

2. 行中修：执行中去修正。

3. 修中悟：修正中悟所学。

4. 悟中觉：开悟中觉正道。

掌握战胜股市的能力

靠山山会倒，靠人人会跑，学会股票靠自己，一生财富赚到老。想要战胜股市，你需要具备以下7种能力：

一、分析股市走向的能力

1. 看懂技术分析：K线、均线、切线、波浪形态、支撑压力、量价关系、形态。

2. 学会技术指标：MACD、RSI、KD。

3. 掌握筹码变化：三大法人买卖超、融资融券变化、期货法人仓位变化、成交量。

4. 追踪环境指标：全球大盘趋势、全球经济状况、世界产业变动、重大政经政策、产业发展。

二、选股能力

1. 找出进出场条件：

（1）葛兰碧8大法则。

（2）底部反转起涨及头部反转起跌点。

（3）均线纠结带量突（跌）破的关键点。

（4）盘整形态结束方向明确后的买卖点。

（5）波浪形态转折点。

2. 懂得如何选飙股：

（1）锁股（有题材、有转机、有前景的个股）。

（2）每日检视强势股。

（3）主流股。

三、操作能力

策略

1. 多头市场：

（1）顺势做多。

（2）回跌后上涨再买（低买高卖）。

（3）操作强势主流股。

（4）追高卖更高（起涨发动股）。

2. 空头市场：

（1）顺势做空。

（2）反弹后下跌再空（高卖低买）。

（3）操作弱势股（强力下跌股、本梦比破灭股、飙涨结束反转股）。

（4）杀低补更低（高档起跌股）。

3. 盘整市场：

（1）多头市场低买高卖。

（2）空头市场高卖低买。

（3）停止买卖。

战法

1. 波浪形态波段操作法。

2. 均线操作法。

3. 飙股战法。

4. K线顺势战法（傻瓜操作法）。

5. 飙股第二段战法。

四、资金与风险控制的能力

止损及止盈的能力，以及资金分配及管控的能力。

五、遵守重要观念准则的能力

1. 做多，永远要做正在上涨的股票；做空，永远要做正在下跌的股票。

2. 解套的方法，卖出套牢的弱势股，换买会涨的强势股。

3. 运气在长期稳定的操作下所占的百分比是零。

六、情绪管理的能力

1. 守纪律操作：不以个人情绪猜测，遵守纪律进出。

2. 自主操作：不受外界的干扰，以自己的策略操作。

3. 无我操作：只有市场的方向，没有自己的想法。

七、百分之百的执行力

没有执行力，以上能力皆无用。

▍后记：股市赢家是从失败中淬炼出来的

学习技术分析一段时间之后，就可以知道如何在股市中进出的一些基本技术和原则。然后必须经过一段时间的实际操作，才能慢慢体会出其中的道理，进而逐步养成习惯。

在自己的功夫还没有达到一定程度之前，除了继续学习、研究之外，多结交股市高手也是一条捷径。

在股市中遇到状况时该如何反应，这可不是一般新手看看书就能体悟的。因此，多接触赢家，你会学到许多宝贵的经验，如此将大大节省自己摸索的时间，能够加速养成赚钱的好习惯。

如果你希望日后把股市操盘当作事业，更要向赢家学习，这样对你操作股市会有重要的帮助。

在股市中进出，要慢慢建立一套适合自己的方法。遵循固定的模式之后，如有操作失败的股票，把图印出来作检讨，从当初的进场位置开始，一直到出场为止，看图上一天天的演变，思考是否进场太匆促？是否没有考虑到均线压力？是否已在高档？是否已接近压区？是否成交量有问题？……

同样，再检讨一天天的K线及成交量的变化，最后，一定能够检讨出这次赔钱的原因。经过一次次的回溯看图，会让你的功力大增。

这些基本功夫练好之后，最重要也是最难成就的部分，就是在操作过程中的情绪控制，平衡稳定、充满信心的执行力，才是真正胜败的关键。

　　除了在操作当中体会及修正操作心法之外，平日在操盘当中，也要力求改变以往不对的习惯。从内心自我审视，日积月累地强迫自己去改变，慢慢就能成为一种习惯。当你觉得"本来就该如此"的时候，也就是你对股市悟道的时候了。

股市中无专家，只有从不断的失败中淬炼出来的赢家。
看图千万遍，方向自然现。

附 录

学会辨认形态
股市无往不利

　　作者把重要的、常出现的形态——搜集在附录中详述，读者可以经常翻阅，熟悉每种形态的变化，自然可以抓住形态结束时的走势方向及可能的目标机会，这对判别趋势的反转以及抓住赚续势财富的机会尤其重要。

附 录

学会辨认形态
股市无往不利

　　股票走势可分为上升、下跌与盘整3个阶段，除了上升与下跌，大部分时间处于盘整阶段。形态就是行情进入盘整区时的走势，所呈现出的不同图形，每一种形态会对应一个名称。

　　基本上，这些特定图形反映着不同的主力大户进出股市时的心理反应及策略运用。因此，在不同的阶段会产生不同的图形形态。

▍正确判断形态　才能精准交易

　　大部分形态会经常出现，每种形态的后续发展也不尽相同。本附录根据股票循环的4个阶段来区分，说明每个阶段最常见且最容易辨认的形态，并详述如何在盘整区操作，以及对各形态应采取的操作策略。

　　常见的形态有30余种，其中重要的有10余种。正确判断形态，可以帮助我们采取适当的交易方法。例如，有些形态意味着趋势非常可能反转，此时最好获利了结或认赔出场；还有一些形态意味着这只股票没有明确的绩效表现，最好避免介入。

▌ 面对形态的3种因应策略

任何形态都没有百分之百的成功率，因此，即使出现再好的形态，也要根据市场的变化因应，千万不可有一厢情愿的想法。形态目标价的预测，仅是统计的概率，而非绝对能够达成的价位。以下提供3种针对形态的因应策略：

1. 未确认前，持续顺势单向操作

由于形态是经过一段时间的发展才形成的，在未确认之前，仍以原方向顺势操作为宜，千万不要自己猜后面会走什么形态，让自己的操作陷入固定的想法之中。

2. 确认进入盘整时，退出观望

确认进入盘整时，可退出观望；如果形态上下高低颈线有一定的价差，可采取高出低进的策略赚差价。

3. 即使形态末端确认，也要设止损

形态完成往上突破或往下跌破才能确认，未确认前，不可自己猜方向；确认后，进场不可忘记设止损。

底部形态观察重点及操作策略

一、头肩底

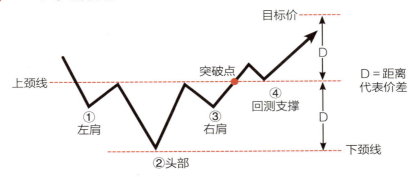

头肩底是容易辨识而且成功率极高的一种底部反转形态，由左右两个肩（①③）及一个头部低点（②）组成。一旦带量突破上颈线后，便容易上涨。头肩底有以下特点：

1. 3个明显的波底，中间的波底称为头部，低于两边的波底（左肩、右肩），两肩以头对称，价位亦略微相等。

2. 成交量通常由左肩向头部、右肩递减，突破颈线时，通常会带大量，小量突破未必代表突破，容易失败或上涨幅度较小。

3. 目标价＝突破点+D段距离。

4. 目标价位达成率高达83%，拉回测试颈线的概率约52%，属于可靠的形态之一。

5. 头部与肩的价格有明显的距离，如果三底的价位相近，则为三重底。

　6. 颈线由左向右下倾斜的形态，涨幅较大。

┃ 二、复式头肩底

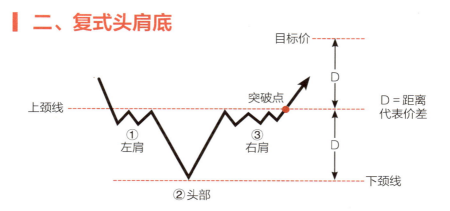

　1. 反转看多的概率约75%。

　2. 有3个明显的波底，中间的波底称为头部，低于两边的波底（①③），两肩为多个小波盘整，与头对称，时间及价位亦略微相等。

　3. 成交量通常由左肩向头部、右肩递减，突破颈线时，通常会带大量，小量突破未必代表突破，容易失败，或上涨幅度会较小。

　4. 目标价＝突破点+D段距离。

　5. 目标价位达成率高达80%，拉回测试颈线的概率约50%，属于可靠的形态之一。

　6. 大量往上突破，右肩高于左肩，涨幅较大。

　7. 不可跌破右肩最低点。

三、双重底（W底）

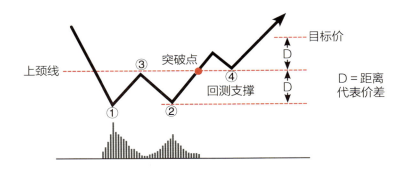

1. 双重底又称为W底，由两个低点（①②）及一个反弹高点（③）组成。

2. 两个底部（①②）是两个明显的转折点，且两点价位相同或很接近。两点间相隔数周之久。

3. 第一个底部点的成交量一般大于第二个底部。突破之前，成交量呈下降趋势。

4. 通常以大量突破反弹高点（③），突破此点W底即完成。

5. 失败率约64%。如果W底前面为重要支撑，成功率提高到50%。

6. 不可跌破第二低点的价位。

7. 目标价＝突破点+D段距离。

8. 向上突破后，价格经常（约70%概率）回测到确认点价位有支撑（④）再往上走势确立，此处为较安全的进场点或考虑加码位置。

四、三重底

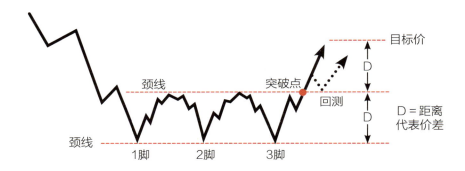

1. 短期反转看多概率为66%。

2. 3个转折低点，彼此间隔一段距离，且价位相近。

3. 底部长时间形成，在周线上可看出，两峰通常呈圆弧顶形状。

4. 盘整区成交量呈下降趋势，但3个脚的成交量可能很大。通常第一只脚最大，第三只脚最小；突破后，成交量会渐缩。

5. 目标价＝向上突破点+D段距离。

6. 向上突破，达到目标价概率为95%。

7. 拉回测试颈线概率有70%。可以考虑回测后再进场或加码。

8. 以收盘价突破，才算真正的突破。

五、前跌菱形

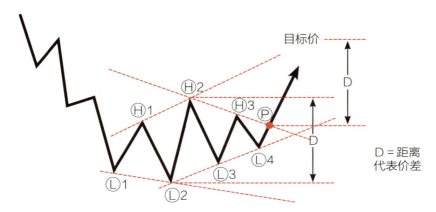

注：Ⓟ为突破点，Ⓛ为低点，Ⓗ为高点。

1. 短期反转看多概率为80%。

2. 左边先走喇叭形，右边走出收敛三角形。

3. 结构不一定对称，也不规则，大体呈现菱形。

4. 盘整区成交量多呈下降趋势，通常带量突破。

5. 目标价＝向上突破点+D段距离。

6. 向上突破，达到目标价概率为90%。

7. 拉回测试颈线概率有40%。

8. 以收盘价突破才算真正的突破。

9. 此形态完成前的盘整期较长，形成密集区域，因此会成为后续走势的压力或支撑区。

10. 本形态常见于底部，但也可能发生在续势。

六、圆弧底

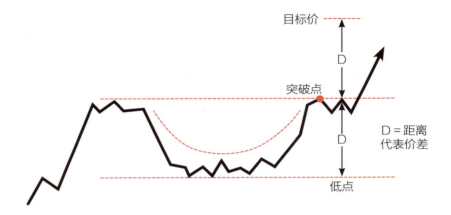

1. 长期整理排列，采用周线图为佳，也可以采用日线图。

2. 外观似圆形碗状，开口朝上的圆弧状走势。

3. 有左弧柄，一般会因突破后回档整理形成右弧柄，但并不是一定会有右弧柄。

4. 长期看多，向上突破形态的概率达85％。

5. 通常成交量也呈现圆弧向上开口形状。

6. 突破点为右弧柄的最高点，如果没有右弧柄，则以左弧柄的高点为突破点。

7. 目标价＝突破点+D段距离。

8. 买进讯号：圆形底右边上涨到达杯口左柄高点附近，可能回档形成右柄，在右柄部盘整，当股价向上突破高点或盘整区的下降切线，均为买进讯号。

七、下降楔形

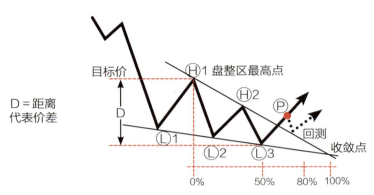

目标价

D＝距离
代表价差

H1 盘整区最高点

H2

P

回测

收敛点

D

L1

L2 L3

0%   50%   80% 100%

注：P为突破点，L为低点，H为高点。

1. 下降楔形属于获利潜能很高的排列，但此排列较少见。

2. 短期看多的反转形态，发生概率为90%。

3. 经常发生在空头末跌段，然后反转向上。

4. 收盘价突破经常会成功。

5. 拉回测试颈线的概率近50%。

6. 盘整区内成交量呈下降趋势，大小量突破皆可。

7. 大量突破较易拉回。

8. 有30%的状况会向下假跌破后又回盘整区内，再向上突破。

9. 形态盘整中，可采取单向顺势操作；接近收敛点前，等待向上突破之后才买进。

10. 可在回测走势完成而价格又开始上涨的时候买进或加码。

11. 时程要大于20天，否则属于旗形。

┃八、V形底

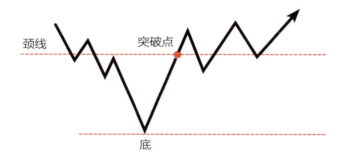

1. V形底是所有形态中最难预测的，即使形态完成，股价方向也不易预测。

2. V形反转的吸引力在于快速反转，短时间3—5天内就有可观的利润。

3. V形底分为3部分：

（1）左侧持续或急速下跌，成交量渐缩，下跌中会有不规则的凸出量。

（2）下跌到最低反转点，通常出现带大量的长下影线或十字线作收。

（3）反转右侧股价连续大涨，成交量随股价上涨不断放大。

4. V形反转，底部是否有大成交量是重要观察点。由于此形态出现概率不高，即使有此反转可能而进场时，也要将反转低点设为止损点，不可跌破。

5. 右侧快速上升，当股价上涨而量萎缩时，大约快到高点，有

高档出货现象，要快速离场。

6. 即使突破左侧高点，也无法预测目标价。

▌九、一字形底（浅碟形）

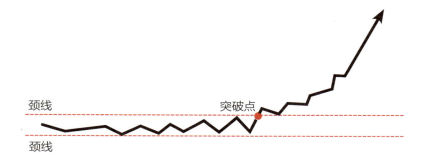

1. 一字形底是所有形态中最容易辨认的图形。

2. 一字形发动后的涨幅都很可观，所以是做长波段的人最爱的形态。在底部盘整愈久的一字形，未来上涨的空间愈大，往往利润都是数倍之多。

3. 一字形盘整时间很久，很容易进场后又被洗出去，发动时往往又快又急，一般投资人根本不敢追进而错失良机。

4. 一字形底在盘整期间成交量出奇的少，一直到某个价位突破到达新高价后，成交量才逐步放大。

5. 如果形态下沿跌破，也有可能继续往下。

头部形态观察重点及操作策略

一、头肩顶

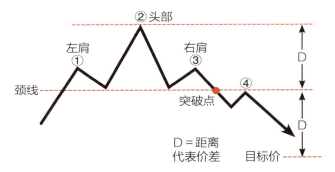

头肩顶是容易辨识而且成功率大于90%的一种头部反转形态，由左右两个肩（①③）及一个头部高点（②）组成。一旦带量跌破颈线后，将大跌。头肩顶有以下几个特点：

1. 有3个明显的波峰，中间的波峰称为头部，高于两边的波峰（①③），两肩以头对称，价位亦略微相等。

2. 成交量通常由左肩向头部、右肩递减，跌破颈线通常会带大量，小量跌破未必代表跌破，容易失败或下跌幅度会较小。

3. 目标价＝突破点－D段距离。

4. 目标价位达成率高达63%，拉回测试颈线概率约45%。

5. 头部与肩的价格有明显的距离，相近则为三重顶。

6. 颈线向下倾斜或右肩低于左肩的形态，跌幅通常较大。

7. 不用等待突破颈线确认，在右肩出现时，即可卖出持股或放空，因为93%的潜在排列都会向下跌破。

二、复式头肩顶

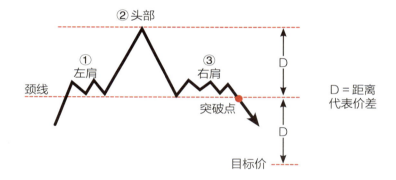

1. 反转看空的概率约95%。

2. 有3个明显的波峰，中间的波峰称为头部，高于两边的波峰（①③）。两肩为多个小波盘整，与头对称，时间及价位亦略微相等。

3. 盘整区内成交量通常递减，突破颈线时，不一定要大量。

4. 目标价＝突破点－D段距离。

5. 目标价位达成率高达70%，拉回测试颈线的概率约75%，属于可靠的形态之一。

6. 带大量向下跌破，未来跌幅会较大。

7. 不可涨破右肩最高点。

8. 如果头部与两肩价位相差不是很大，形态又似圆弧顶。

▌三、双重顶（M头）

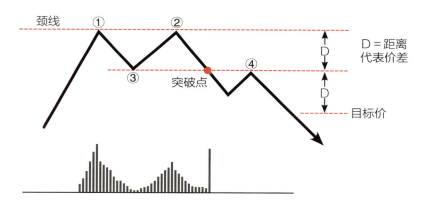

双重顶又称为M头，由两个高峰点（①②）及一个回档低点（③）组成。双重顶有以下几个特点：

1. 两个高峰点（①②）是两个明显的转折点，且两点价位相同或很接近。两点间相隔数周之久。

2. 第一个高点的成交量，一般大于第二个高点。

3. 两高峰间距离愈近，中间谷底愈深，向下跌破时成交量愈大，随后跌势愈强。

4. 带量跌破低点（③），跌破此点，双重顶即告完成。

5. 失败概率约65%。

6. 目标价＝突破点－D段距离。

7. 向下跌破后，价格经常（概率约70%）回测确认点（③），

在这个价位有压力（④）。再往下即走势确立，此处为放空进场点。

四、三重顶

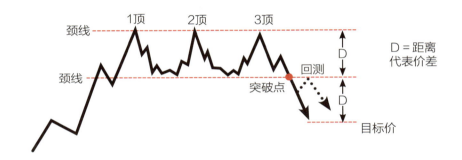

1. 短期反转看空概率为80%。

2. 3个转折高点，彼此间隔一段距离，且价位相近。

3. 头部长时间形成，在周线上可看出，两底通常呈圆弧碗形。

4. 盘整区成交量呈下降趋势，但3个顶的成交量可能很大。

5. 通常第1顶最大，第3顶最小。突破后成交量会渐增。

6. 目标价＝向下突破点−D段距离。

7. 向下突破，达到目标价概率为50%。

8. 反弹测试颈线概率有80%。可以考虑反弹后，再进场放空或加码。

9. 以收盘价突破，才算真正的突破。

五、前涨菱形

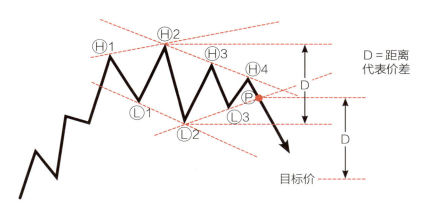

注：Ⓟ为突破点，Ⓛ为低点，Ⓗ为高点。

1. 短期反转看空概率为80%。

2. 左边先走喇叭形，右边走出收敛三角形。

3. 结构不一定对称，也不规则，大体呈菱形。

4. 盘整区成交量多呈下降趋势，通常带量突破。

5. 目标价＝向下突破点−D段距离。

6. 向下突破，达到目标价概率为80%。

7. 拉升测试颈线概率有60%。

8. 以收盘价突破才算真正的突破，突破下跌成交量多会放大。

9. 此形态完成前的盘整期较长，形成密集区域，因此会成为后续走势的压力或支撑区。

10. 本形态常见于头部，但也可能发生在续势。

六、圆弧顶

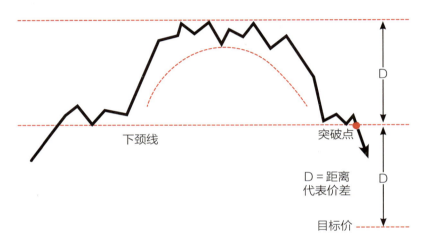

下颈线　　　　　　　　　　　　　突破点

D＝距离
代表价差

目标价

1. 圆弧顶的形态比较少见。

2. 通常股价到达高档区，因多空力道逐步产生变化而产生。

3. 圆弧顶的观察重点在于成交量的递减。成交量逐渐减少，表示人气退潮，股价撑不住就会下跌。

4. 目标价＝突破点－D段距离。

5. 要等待右边跌破下颈线，形态才完成。

七、上升楔形

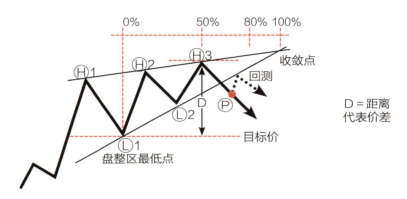

注：Ⓟ为突破点，Ⓛ为低点，Ⓗ为高点。

1. 短期看空的反转形态，发生概率为80%。

2. 经常发生在多头末升段后的延伸波，然后反转向下；也会发生在下降趋势过程中的一段反弹而形成上升楔形，向下突破后继续下跌。

3. 以收盘价突破形态的突破点，完成形态的成功率约95%。

4. 盘整区内成交量呈下降趋势（是辨识此形态的一项重要依据），大小量皆可突破。

5. 盘整区内成交量放大，容易失败。

6. 目标价：盘整区内的最低点。

7. 向上假突破后又跌回盘整区内，容易向下突破。

8. 在盘整形态中，可采取单向操作，接近收敛点前，等待向下突破之后才进场放空。也可在回测后再进场。

9. 放空后，如出现向上反转的征兆，最好立即获利了结。

10. 时程要大于20天，否则属于旗形。

八、倒V形顶

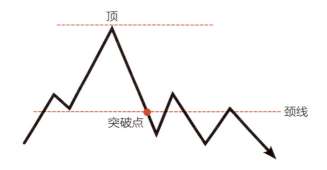

1. 倒V形经常发生在上涨的末升段，价急速上涨到最高点，然后急速下跌。

2. 观察重点为急速上涨时，成交量会一直放大，但是下跌时成交量快速萎缩。操作时遇到末升段的快速喷出，当最大量时若K线出现危险信号，要立刻断然出场，才能保持战果。

3. 即使跌破左侧低点，也无法预测走向或目标价。

中继形态观察重点及操作策略

　　股价在上涨或下跌的过程中，因多空力道的缠斗而在途中形成暂时的盘整，此时的形态称为中继形态。中继形态一般都是依照原来方向继续前进，少数会形成反转。以下归纳出较为可信的8个形态做说明。

▎一、箱形

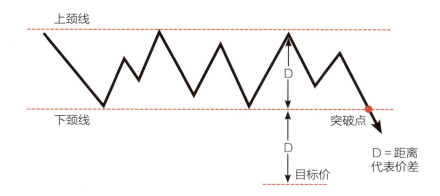

1. 在一段时间内，股价波动于上下区间，将上下颈线画出，像在箱子中前进。

2. 当箱形被突破时，代表多空僵持后分出胜负，股价将往突破方向继续前进。

3. 排列的上下颈线至少各有2个触及点。

4. 成交量一般向上突破，趋于量增；向下跌破，趋于缩小。

5. 上下颈线的价差，即为突破后的最低目标价位。

▍二、旗形

1. 快跌上升旗形

2. 快涨下降旗形

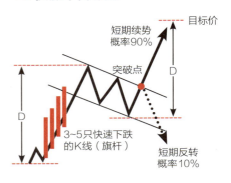

1. 旗形的形状是倾斜的平行四边形，一般常见的为上升旗形及下降旗形。

2. 要有快速上升或下跌的K线3—5只，盘整区则在20只以内。

3. 盘整区内成交量呈下降趋势，大小量突破皆可。

4. 盘整后续势方向发生概率90%，反转发生概率10%。

5. 目标价距离以正波段预测法（即以突破前面波段的涨幅，预测形态之后会有相同的涨幅）预测。

6. 突破方向与原方向不同时，要注意是否假突破，如果位置在高档或是低档，则反转可能性较高。

▌三、三角形

1. 前跌三角形

2. 前涨三角形

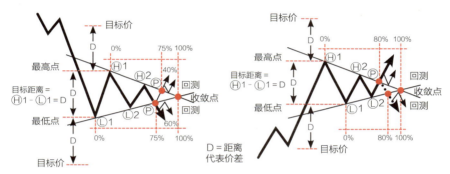

注：ⓟ为突破点，Ⓛ为低点，Ⓗ为高点。

1. 价位在上下颈线之间来回波动时慢慢缩小，呈现一个三角形向前收敛的形态。

2. 三角形末端突破决定最后方向，收盘价突破经常都会成功。

3. 盘整区内成交量呈下降趋势，大小量皆可突破。

4. 大量突破，涨跌幅会较大，但日后易回测。

5. 在形态盘整中，可采取单向顺势操作；接近收敛点前，可退出观望。

6. 为了防范三角形形态反转，一定要等到真正突破确认方向后再进场。

四、喇叭形

1. 前跌喇叭形　　　　2. 前涨喇叭形

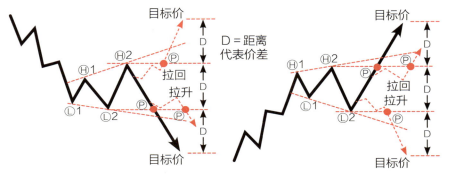

注：Ⓟ为突破点，Ⓛ为低点，Ⓗ为高点。

1. 盘整之前，要有一个月以上的下跌或上涨时间。

2. 呈现头头高、底底低的向右扩散喇叭，最少有2个高点及2个低点，且高低点不可交叉。

3. 盘整区成交量无固定方式，大小量都能突破，此形态可不必考虑成交量。

4. 盘整后续势方向发生概率，与反转发生概率相似。

真突破（跌破）的3种情况：

1. 以收盘价突破才算突破；上下影线的突破为假突破。

2. 突破时的收盘价位，必须大于或等于突破点的3%。

3. 突破后，最少要停留3天。

5. 目标价＝（突破前盘整区内最高点－最低点）±突破点。

6. 突破前有拉升或拉回走势，则向下或向上突破概率增加。

五、上倾喇叭楔形

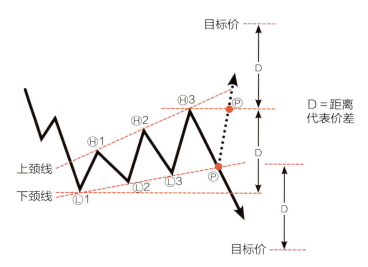

注：Ⓟ为突破点，Ⓛ为低点，Ⓗ为高点。

1. 头头高，底底高，向上倾斜喇叭形态。

2. 至少3个高点（不一定都触碰到上颈线）及3个低点（第3个低点不一定成功）。

3. 短期看空，发生概率达80%。

4. 成交量在盘整区内呈不规则，接近突破点或突破后，成交量经常放大。

5. 盘整区最高点及下颈线为突破点。

6. 目标价＝突破点 ± D段距离

六、下倾喇叭楔形

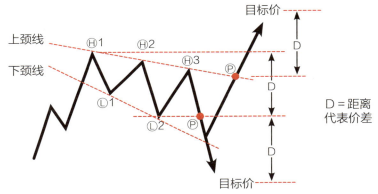

注：Ⓟ为突破点，Ⓛ为低点，Ⓗ为高点。

1. 头头低，底底低，向下倾斜喇叭形态。

2. 至少2个高点（不一定都触碰到上颈线）及2个低点。

3. 短期看多，发生概率达80%。

4. 成交量在盘整区内随时间而增加，接近突破点或突破后，成交量经常放大。

5. 盘整区最低点及上颈线为突破点。

6. 目标价＝突破点 ± D段距离

7. 此形态在下跌趋势中往下跌破，仍续势看空。

▌七、上升直角三角形

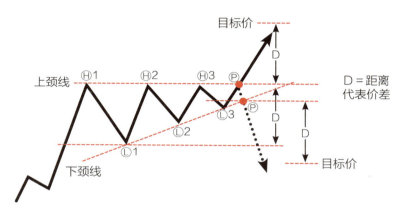

注：Ⓟ为突破点，Ⓛ为低点，Ⓗ为高点。

1. 短期往上续势概率为66%。

2. 上颈线约呈水平，至少2个高点；下颈线呈上升切线，至少2个转折低点。两线呈三角收敛。

3. 盘整区成交量多呈下降趋势。大小量突破皆可。

4. 目标价＝突破点±D段距离。

5. 如果形态向上突破，达到目标价概率为90%。

6. 大量突破涨幅较大。

八、下跌直角三角形

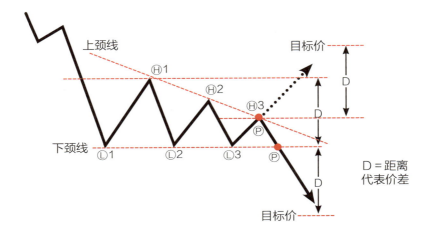

注：ⓟ为突破点，Ⓛ为低点，Ⓗ为高点。

1. 短期往下，续势概率为66%。

2. 下颈线约呈水平，至少2个低点；上颈线呈下降切线，至少2个转折高点。两线呈三角收敛。

3. 盘整区成交量多呈下降趋势。大小量突破皆可。

4. 目标价＝突破点±D段距离。

5. 如果形态向下突破，达到目标价概率为65%。

6. 大量突破跌幅较大，日后拉升测试下颈线概率有65%。